Rolf Gruber

Rolf Gruber

Kompaktwissen in
Markentechnik

100+1 Tipps
für eine
kraftvolle Identität

Brand Power
für Unternehmen

Rolf Gruber

Kompaktwissen in
Markentechnik

100+1 Tipps
für eine
kraftvolle Identität

Brand Power
für Unternehmen

Cover: diexperten.ch
Kontakt Autor: www.rolf-gruber.ch

Herstellung und Verlag: BoD - Books on Demand, Norderstedt
ISBN: 978-3-7504-0814-2

Inhalt

Einstieg.
Kompaktwissen in Markentechnik.

Wahre Anziehungskraft ist ein Sog – ohne Worte, ohne Geschrei und ohne Tricks. In der Entwicklung der Menschheit gab es schon immer dieses unglaubliche Phänomen des Sogs. Dass sich Menschen ohne offensichtliche Erklärung zu starken Menschen hingezogen fühlen.

Und genau dieses Phänomen gilt auch für Unternehmen, welche eine magische Kraft auf Menschen ausüben. Es ist das gewisse Etwas, das als Funken überspringt – auf Kunden, wie auf das eigene Team.

Doch was ist das Geheimnis all jener Unternehmen, welche überdurchschnittlich viele Kunden anziehen? Das Geheimnis heisst Markenkraft. Ob bewusst oder unbewusst wenden starke Marken die entsprechenden Markentechniken an, welche sie im Markt nach vorne bringen. Und um diese Markentechniken geht es in diesem Buch.

Wie dieses Buch entstand.

Als Autor habe ich von Oktober 2018 bis Oktober 2019 fünfzig Management-Letters mit je zwei Tipps verfasst, welche jetzt mit zusätzlichen Inputs und neuen Praxisbeispielen Einzug in dieses Buch halten. Unverzichtbare Markentechniken, welche Unternehmen nachweislich fördern, sind nun sichtbar gemacht.

Warnung.

Dieses Buch enthält Kompaktwissen in Markentechnik. Angewendet können diese Techniken Unternehmen stärken – eine kraftvolle Unternehmens-Identität mit einer erhöhten Markt-Performance wäre das Resultat :-)

Warum die Du-Ansprache?

In diesem Buch kommt die Du-Ansprache zur Anwendung. Was sind die Gründe?

Ganz einfach: Zum einen ist das respektvolle Du zeitgemäss – es macht das Miteinander persönlicher.

Und zum anderen – was noch viel wichtiger ist: Das gelesene Du geht direkt ins Bewusstsein eines Menschen. Mit Du bist Du gemeint – ohne Umschweife, ohne Denkverzögerung – also ohne den Umschaltmodus, der automatisch zum Zug kommt, wenn Du das Wort Sie liest.

Wissen ist zum Anwenden da. Das gelesene Du wird es Dir also einfacher machen, die Inhalte dieses Buches in Deinen Wissensstand zu integrieren.

Wie Du dieses Buch lesen solltest.

Wenn ich zehn Personen frage, was Branding bedeutet, dann bekomme ich zehn verschiedene Antworten.

Deshalb bitte ich Dich, zuerst das nachfolgende Kapitel „Was ist Branding?" zu lesen. Dieses Kapitel gibt Dir eine Übersicht darüber, was Branding tatsächlich ist. Es ist der Ausgangspunkt für eine gemeinsame Übereinstimmung – für unsere Reise durch dieses Buch.

Danach fühle Dich frei. Lasse Dich von den Themen im Inhaltsverzeichnis inspirieren. Es wird sich lohnen.

Und ganz wichtig: Lies dieses Buch nicht in einem Zug durch. Lasse Dir Zeit – so wirst Du mehr Erkenntnisse aus diesem Buch ziehen können.

Was Dich in diesem Buch erwartet.

Dieses Buch kreist wichtige Markenthemen ein. Von verschiedenen Seiten her wird Licht auf ein Ziel geworfen. Es beleuchtet die bestimmenden Faktoren, welche für eine kraftvolle Marke bedeutend sind – zum Beispiel: Wie etablierst Du eine Positionierung, welche Dein Unternehmen einmalig werden lässt und welche Kriterien differenzieren Dich wirklich zum Wettbewerb?

Des Weiteren: Wie findest Du deine Wunschkunden – und wie steigerst Du die Begehrlichkeit für Dein Unternehmen, so, dass diese von Deinen Leistungen begeistert sind und Dich weiterempfehlen? Oder: Was solltest Du berücksichtigen – und in welche Fallen darfst Du nicht tappen – wenn es zum Beispiel um Werbung und Kommunikation geht?

Und vieles mehr erwartet Dich.

Was Dir dieses Buch bringen soll.

Dieses Buch soll Dir Gewissheit bringen. Gewissheit über Deinen jetzigen Stand sowie über Deine zukünftigen Möglichkeiten in Deinem Unternehmen. Mit diesem Buch kannst Du herausfinden, was Deinem Unternehmen in Zukunft guttun wird und was nicht.

Und natürlich soll Dich dieses Buch in Deinen Plänen weiterbringen. Je kraftvoller die Identität Deines Unternehmens wird, desto mehr Beachtung wird es erlangen. Und darin soll dieses Buch Dich unterstützen.

Ziel: Brand Power für Dein Unternehmen.

Über Rolf Gruber.

Rolf Gruber ist ein national und international gefragter Marken-experte. Er hält Vorträge, Reden und Keynote-Speeches auf Messen, Tagungen und Kongressen, sowie auf internen Unter-nehmensveranstaltungen und Führungskonferenzen.

Seine Speeches gehören zu den Höhepunkten von Veranstal-tungen. Rasant und klar zeigt er auf, wie Branding profitables Wachstum möglich macht und wie Führungsverantwortliche eine erfolgreiche und gewinnbringende Marke schaffen können. Die Teilnehmenden profitieren von fundiertem und brand-neuem Wissen zu aktuellen Themen der Markenwelt.

Rolf Gruber ist Inhaber der Markenagentur Richards & Gold. Seine Ansprechpartner sind Verwaltungsräte, Unternehmer und Geschäftsführer, welche ihre Unternehmen zukunftsfähig am Markt halten wollen.

Als Markenexperte wurde er in einer Publikation der „Stiftung KMU Schweiz" als erfolgreicher Unternehmer vorgestellt. Auch erhielt er in einer deutschen Buchveröffentlichung das Prädikat, zu den wichtigsten Marketingspezialisten im Wirtschaftsraum DACH zu gehören.

Rolf Gruber ist Autor von Fachartikeln und Büchern in den Innovationsfeldern Branding, Marketing, Werbung und Verkauf. Als Dozent an Fach- und Hochschulen zeigt er die Gesetze auf, die wichtig sind, um sich als Marke durchzusetzen und langfristig bestehen zu können.

Was ist Branding?

Was braucht es, um eine erfolgreiche Marke zu sein oder zu werden? Was steckt hinter vielen erfolgreichen Unternehmen? Das Zauberwort heisst Branding. Doch was ist Branding? Und was sind die Aspekte, welche das Branding beeinflussen?

Hier sind die wichtigsten Fragen und ihre Antworten dazu.

Welche Aufgabe hat Branding?

Branding hat die Aufgabe, ein Unternehmen in der Gesamt-wahr-nehmung gemäss einer marktorientierten Unternehmensstrategie zu unterstützen.

Im Vordergrund steht der Aufbau der gesamten Reputation einer Unternehmensmarke und/oder deren Produktmarken. Der Wert einer Marke wird immer mit Reputation gleichgesetzt. Ist die Reputation hoch, ist der Wert der Marke hoch, wird die Reputation gemindert, sinkt der Wert der Marke.

Was ist der Unterschied zwischen Brand und Marke?

Heute werden Brand und Marke als Synonyme behandelt, ihre Bedeutung ist ähnlich. Branding kommt von „Signet auf Rinder aufbrennen" und symbolisiert einen Besitzanspruch. Marke (franz. marque = (Kenn)zeichen, zu: marquer, markieren) (engl. mark) entstammt ebenfalls der Grundidee, etwas zu markieren, doch der ursprüngliche Sinn war anders. Man signierte seine Produkte, um seinen qualitativen Leistungsanspruch zu unterstreichen.

Heute definiert sich ein Brand oder eine Marke über die gleich bleibend hohe Qualität einer Leistung. Nimmt die Qualität einer Leistung gemäss den Erwartungshaltungen einer Zielgruppe ab, entsteht ein Verlust an Reputation, ergo, die Marke verliert an Wertschätzung, und der Markenwert beginnt zu sinken.

Wie entwickelt sich ein Brand?

Marken entwickeln sich aus einer Leistungskompetenz heraus. Diese Kompetenz gelangt mittels strategischen Massnahmen sowie organisatorischem Talent in den Markt hinaus.

Brand-Entwicklungen sind somit die vollständigen Leistungen, welche für den Aufbau einer Unternehmensmarke oder einer Produktmarke aufgewendet werden. Jede einzelne Disziplin wird, wenn Branding seine Wirkung erzielen soll, auf deren Beitrag zur Marke überprüft.

Bevor CocaCola zum Brand wurde, war es die Limonade eines Apothekers. Diese Limonade hatte den Vorteil, dass sie vielen Menschen schmeckte. Dann kam ein cleverer Marketer, der die Rechte kaufte und beschloss, ein weites Vertriebsnetz aufzubauen und Werbung für diese Limonade zu lancieren. Ein Grafiker gestaltete ein geniales Logo. Dieses wurde immer wieder verwendet – und irgendwann hatte man einen Brand.

Marlboro – um ein anderes, zwar ein altes, aber sehr anschauliches Beispiel zu nennen – wurde mit Filter als Frauenzigarette entwickelt und war zunächst einmal ein Flop. Erst als der Frame (Wahrnehmungsrahmen) von Freiheit und Abenteuer als Positionierung eingeführt wurde, entwickelte sich die Marke. Nicht eine Zigarette als solche, sondern die kumulierten Aspekte als Gesamtes und das projizierte Umfeld machen einen Brand aus.

Was heisst Corporate Branding?

Branding und Corporate Branding bedeuten im Grunde dasselbe: Ganzheitliches Markenmanagement. Es betrifft alle Disziplinen, welche Unternehmen strategisch in die Zukunft führen.

Nehmen wir zum Beispiel Harley-Davidson. Natürlich kann man zur ultimativen Kultmarke avancieren. Doch dies ist noch lange kein Freipass zur Unsterblichkeit. Hätte Harley-Davidson nicht zum richtigen Zeitpunkt den Mut gehabt, sich die Motoren von Porsche entwickeln zu lassen, wäre die Kultmarke schon längst begraben worden.

Ein anderes Beispiel ist die Marke Polaroid. Polaroid war die Marke, welche den Markt der Digitalkameras hätte bestimmen können. Sie hatte die grössten Startchancen. Doch was machte Polaroid? Sie schliefen – sie hatten Milliarden und schliefen. Ein selbstgefälliges Management unterliess es, neue Marktbedürfnisse zu erforschen und neue Innovationen ins Leben zu rufen. Und am Schluss half alles Geld der Welt nicht mehr, um den Zerfall aufzuhalten. Das Fatale dabei: Mit der Bezeichnung „Sofortbild" und mit dem darin liegenden Markencharakteristikum „schnell" nicht schnell genug zu sein, birgt in sich selbst eine gewisse Tragik. Heute sind Polaroid-Kameras wieder „In", doch der Nimbus der unschlagbaren Markenmacht ist schon lange vorbei.

Ein positives Beispiel ist Netfix. In den 1990zigern gegründet, war Netfix zuerst einmal ein Videoverleih. Doch Netfix erkannte die Zeichen der Zeit. Sie begannen alte Filme zu streamen, von denen sie wussten, dass diese immer noch gerne angeschaut wurden und vertrieben diese via Internet. Und heute ist Netfix ein Gigant für Film- und Serienproduktionen, mit einem mehr als lukrativen Vertriebsmodell.

Die Corporate Branding-Strategie von Netfix fusst auf den folgenden fünf Grundpfeilern: Gehe auf ein Bedürfnis ein – schaue in die Zukunft – bleibe innovativ – fokussiere dich auf Wachstum – und auf dem von Winston Churchill geprägtem Satz: Never give up!

Dies mögen einfache Gedanken sein, doch sie prägen Netfix. Eine wirkungsvolle Strategie muss also nicht kompliziert sein. Im

Gegenteil: Denn sie sollte möglichst vom gesamten Team in einem Unternehmen sowie von den wichtigsten Mitbeeinflussern verstanden werden.

Wie beeinflusst Branding das Marketing?

Die Herkunft des Wortes Marketing hat mit der Bezeichnung Marke nichts zu tun. Marketing (engl.: to market = Handel treiben, zu market (Markt), lat. mercatus) ist die Ausrichtung eines Unternehmens auf die Förderung des Absatzes. Es ist die Beobachtung und Lenkung des Marktes sowie die Steuerung der zu produzierenden Leistungen. Marketing ist also weit mehr als nur Werbung oder Kommunikation, es betrifft die gesamte Marktausweitung und -bearbeitung.

Der Fokus auf die Marke ist dem Marketing übergeordnet. Die Wahrnehmungsinhalte der Marke (alle positiven Aspekte, wie die Marke durch die Ansprechgruppen wahrgenommen wird) sollten in einer konsistenten Form die Inhalte sowie die Ausrichtung der Marketingziele bestimmen.

Was ist der Unterschied zwischen Consumer- und Unternehmens-Marken?

Statische Consumer-Marken.

Ein Grossteil der Consumer Products als Marken sind statisch, sie sind unveränderbar. CocaCola ist in seiner Grundsubstanz CocaCola, und dieses Produkt ist in seiner Entwicklung abgeschlossen. CocaCola hat 1985 nur einmal seine Formel gewechselt und ist bei diesem Versuch fast untergegangen – die Schraube wurde gleich wieder zurückgedreht, sonst wäre CocaCola heute vom Markt verschwunden.

Ob RedBull, Ricola oder Pampers, alle diese Produkte unterliegen einem Langzeitzyklus, was ihre Kernsubstanz betrifft.

Natürlich gibt es Verbesserungen, Produkteerweiterungen oder Zeitgeistveränderungen, auf welche Hersteller sich einstellen müssen. So müssen zum Beispiel Mode- wie Lifestyleartikel dem Zeitgeist entsprechen, sonst laufen sie Gefahr, vergessen zu werden.

Statische Consumer-Marken brauchen Werbung, um an die Konsumenten zu gelangen. Um dem Zeitgeist entsprechen zu können, müssen Consumer Products laufend Werbung über alle Kommunikationskanäle hinweg betreiben.

Die Innovationen liegen also weniger auf der Produkteseite, denn eine Limonade wie CocaCola auch noch ohne natürlichen Zucker als ColaZero zu lancieren, ist nicht wirklich innovativ. Die Innovationen liegen hier auf der Werbe- oder Eventseite, welche Erlebnisse schaffen. Dies ist der Grund, weshalb viele Menschen fälschlicherweise die Entwicklung von Marken mit Werbung und Kommunikation gleichsetzen.

Unternehmens-Marken im Bereich B2B.

Völlig anders ist es bei Unternehmens-Marken im Bereich B2B. Diese brauchen wesentlich weniger Werbung. Hier stehen andere Massnahmen im Vordergrund. Nehmen wir zum Beispiel das Unternehmen Geberit, welches Sanitärkomponenten herstellt. Hier ist eine ständige Ausrichtung auf neue Leistungen elementar. Die Entwicklungsabteilung muss laufend veränderte, verbesserte Produkte ins Leben rufen. Diese müssen permanent über Schulungen den Sanitärinstallateuren nahegebracht werden. Bei solchen Unternehmen wie Geberit stehen Vertriebs- und Verkaufsaktivitäten, welche über Menschen abgewickelt werden, im Vordergrund.

Selbstverständlich präsentieren sich zukunftsorientierte Unternehmensmarken – wie Consumer-Marken – auch emotional und ebenfalls über zeitgemässe Medienkanäle. Doch die Inhalte der Kommunikationsbotschaften unterscheiden sich wesentlich von denen der Consumer Products. Und was dabei wichtig ist: Solche Botschaften sollten via einer ausgefeilten Corporate Communication-Strategie an die Zielgruppen gelangen. Wer also B2B-Kunden für sich gewinnen will, hat dort verschiedene Ansprechpartner über differenzierte Informationskanäle zu bedienen. Vorweg die Geschäftsführung inklusive dem Finanzchef, eventuell die F&E-Crew oder die Einkaufs-, Produktions-, Marketing-, oder Verkaufsverantwortlichen, etc. – alle relevanten Ansprechpersonen sollten eine auf ihre Bedürfnisse abgestimmte Kommunikation erhalten.

Unternehmens-Marken im Bereich B2C.

Unternehmens-Marken im Bereich B2C wie Swatch, Samsung, Apple oder Dienstleistungsmarken wie AXA oder Swisscom, aber auch UBER oder Alibaba, sowie digitale Marken wie Google, Visa oder PayPal unterliegen der dynamischen Innovationsfähigkeit. Hier findet ein Wechselspiel über alle Medienkanäle zur Markenbegehrlichkeit statt. Um in diesem Bereich ganz vorne mitspielen zu können, werden hohe Anforderungen an das Management und an das Marketing gestellt.

Ein sehr gutes Beispiel ist hier die Automobilindustrie, welche grossen Veränderungen ausgesetzt ist. Viele Nutzer von Autos steigen um. Sie wollen – vor allem im urbanen Raum – keine eigenen Fahrzeuge mehr, sondern individuell abgestimmte Transportlösungen. Wer bei solchen Veränderungsprozessen nicht mithalten, respektive mitgestalten kann, fällt weg.

Brandland-Marken.

Erlebniszentren wie Shoppingmalls, Grossverteiler oder auch Einzelgeschäfte, wie zum Beispiel in der Uhrenindustrie, inszenieren sich über aufgebaute Erlebniswelten. Begehrte Marken verkaufen schon lange keine Produkte oder Leistungen mehr, sondern die spirituellen Persönlichkeitsvorstellungen ihrer Zielgruppen. Marken faszinieren – sie versprechen ein besseres

Lebensgefühl. Diese Art von Live-Entertainment ist auch für Gaststätten, wie auch für Hotels relevant. Im übertragenen Sinn gehören auch Dörfer, Regionen, Städte oder ganze Länder in diese Rubrik.

P2P-Marken – Person-to-Person-Marken.

Es gibt eine Frage, welche sich alle Formen der Marken stellen müssen – und die heisst: Was ist das entscheidende Kriterium, was Kunden oder Konsumenten zu Wiederkäufern, ja, zu wahren Fans macht?

Das Kriterium heisst Vertrauen – und Vertrauen wird nur über die Menschen aufgebaut. Unternehmen können noch so fantastische Produkte oder Dienstleistungen ins Leben rufen – sie können noch so faszinierende Erlebniswelten aufbauen – wenn der Mensch versagt, versagt das ganze Unternehmen.

Auf einen Nenner gebracht: Unternehmen ist Marke, Marke ist Marktleistung, Marktleistung ist Mitarbeiter, Mitarbeiter ist Unternehmen. Am Schluss sind alle Marken P2P-Marken, denn sie sind vom Vertrauen der Nutzer, der Entscheider abhängig.

Es liegt also auf der Hand, dass bei Unternehmen – wie Banken, Versicherungen, Technologieunternehmen etc. – eine hervorragende, eigenständige und unterscheidbare Kultur vorhanden sein muss, um als vertrauenswürdige Marke zu gelten. Denn hier – wie auch bei allen anderen Marken – repräsentieren die Taten und der Spirit der Menschen die Marke. Dies ist der Grund, weshalb erfolgreiche Unternehmen auf Teamentwicklungs- und Kulturprozesse achten, wenn es um die Verankerung ihrer Marke geht.

Was ist der Ursprung einer Marke?

Der Ursprung eines jeden Unternehmens ist eine Idee. Eine Person wird durch einen Einfall inspiriert und diese Inspiration ist so stark, dass sie in die Tat umgesetzt wird. Gelingt es, andere Menschen so zu begeistern, dass sie am Projekt teilhaben möchten, beginnt diese Idee durch die Energie der Mitbeteiligten zu wachsen. Und ehe man sich's versieht, hat man ein Unternehmen – und mit zunehmendem Engagement eine Marke.

Die grundlegende Idee eines Unternehmens ist immer ein Produkt oder eine Dienstleistung. Auch wenn daraus eine Marke, wie zum Beispiel Nike, entsteht, so repräsentiert diese Marke doch stets das Produkt oder die Dienstleistung. Eine kraftvolle Marke entwickelt sich proportional zur Anzahl der Verkäufe. Sie ist untrennbar mit der grundlegenden Idee verbunden.

Was ist das Hauptziel von Branding?

Das Hauptziel einer gut inszenierten Markenleistung ist der Nr. 1-Status im Gedächtnis seiner Wunschkunden. Es geht nicht nur darum, der Grösste im Markt zu sein, sondern in der Gunst seiner Zielgruppen den ersten Logenplatz im Gedächtnis einzunehmen.

Grund: Kunden kaufen von Siegern. Und dabei spielt es keine Rolle, ob die Entscheidung zum Kauf auf Einzelpersonen oder auf grosse Unternehmen fällt. Ob die Sieger Bruce Springsteen, Julia Roberts, George Clooney, Brad Pitt, Apple, Netflix BMW oder Mercedes heissen – die Entscheidung fällt auf sie, weil sie Sieger sind.

Doch aufgepasst: Es gibt regionale, nationale wie internationale Marken. Die Devise heisst: Lieber lokal stark, als global schwach. Auch die Grösse ist kein ultimatives Merkmal für Stärke. Denn Schnelligkeit, Flexibilität und Geschick sind gleichfalls Zeichen grosser Wirksamkeit, welche auch kleine Marken zu Siegern machen.

Bevor man also nicht viel Leidenschaft, Talent und Klugheit in die Herstellung und Vermarktung eines Produktes oder einer

Leistung gesteckt hat, erübrigt sich die Diskussion um die Marke. Eine Marke hat erst dann einen Wert, wenn mehr als eine noch so gute Idee oder ein origineller Name dahintersteckt.

Fazit:

Die fokussierte und kontinuierliche Ausrichtung aller relevanten Aktivitäten macht aus einem Unternehmen und seinen Leistungen eine Marke. Und das ist Branding.

Die 100+1 nachfolgenden Tipps werden Dir helfen, aus Deinem Unternehmen eine kraftvolle Marke zu formen. Viel Spass.

Nur die besten Spieler werden es schaffen.

Es lässt sich nicht von der Hand weisen: Gegen 95% der Unternehmen in ihrer Branche unterscheiden sich nur marginal voneinander – in Leistung und Ausdruck. Dies bedeutet, dass zur Hauptsache das Unternehmen gewinnt, welches die grössten Preisvorteile gewährt. Und wenn sich die Märkte noch schneller als erwartet ändern – so wie dies heute der Fall ist – dann ist der unausweichliche Zermürbungskampf vorprogrammiert.

Warte also nicht ab, bis es Dein Unternehmen betrifft. Werde in Deiner Branche zu einem Spieler, der es schaffen wird.

Deshalb mein Tipp Nr. 1: Stelle Dir folgende Frage: Welche Position, wenn überhaupt irgendeine, haben wir bereits in unserem Marktumfeld und vor allem im Gedächtnis unserer Interessenten inne? Tätige Recherchen, um diese Frage genauestens zu beantworten.

Und mein Tipp Nr. 2: Stelle Dir nachfolgend die Frage: In welcher Liga wollen wir spielen, und welche Position wollen wir dort einnehmen? Es geht um die Frage: Welches ist die beste Position, welche Dir langfristig die Zukunft sichert?

Diese Fragen mögen fur einige einfach zu beantworten sein. Anders schaut es jedoch aus, wenn Du Dir die Frage stellst: Wie genau erreichen wir denn unsere bevorzugte Position – im Markt und im Gedächtnis unserer Zielgruppen?

Hier ist Deine professionelle Einstellung als Spieler gefragt. Die Tipps in diesem Buch unterstützen Dich als Spielertrainer, wie als Spieler – sie werden Dir dabei helfen, Dein Spiel zu gewinnen.

Anziehungskraft für Dein Unternehmen.

Viele Führungskräfte studieren den Benchmark, um ihr Angebot zu überprüfen. An dem ist nichts falsch. Im Gegenteil – man muss wissen, wo die Stärken der Konkurrenz liegen. Der fatale Fehler vieler ist jedoch, dass sie sich im Nachhinein dem Benchmark anpassen. Doch die Idee, man könne sich durch Kopieren hochhangeln, missrät den Meisten. Grund: Man stellt sich immer hinten an – denn die ersten Plätze sind besetzt.

Deshalb mein Tipp Nr. 3: Versuche nicht gleich, sondern Besonderes zu sein. Biete ein auffallendes Kontrastprogramm zum Wettbewerb an – so gräbst Du der Konkurrenz das Wasser ab.

Beispiel: Hätte Tesla die Elektro-Auto-Ideen der Konkurrenz übernommen – BMW ist mit ihren i3's in diese Falle getappt – so wäre Tesla nie so erfolgreich geworden. Tesla drehte den Spiess um, brachte ein schnittiges Modell mit genügend Reichweite und Dampf unter der Haube in den Markt, und zeigte den Etablierten, wie es auch gehen kann.

Wichtig zu wissen ist: Marketing ist kein Kampf um Produkte oder Leistungen. Dies scheint nur vordergründig so zu sein, denn in Wirklichkeit ist es ein Kampf um die Aufmerksamkeit – um die Gunst der Beachtung.

Deswegen mein Tipp Nr. 4: Erkenne, dass Markenkraft aus Aufmerksamkeit entsteht. Und die grösste Anziehungskraft erlangst Du, wenn Du das Gegenteil von dem tust, was die anderen tun – oder wenn Du das Gegenteil von dem tust, was Du immer tust. Überrasche.

Für eine starke Werbung.

Es gibt einen Hauptfehler, dem Unternehmer auf den Leim gehen, wenn es um Werbung geht. Und der heisst: Werbung soll zur Hauptsache emotional sein. Dieser Glaube bringt Unternehmen schneller ins Grab, als ihnen lieb ist. Beispielhaft dafür ist die Modeindustrie, welche über Jahre hinweg nur auf emotionale Werbeinhalte setzte. Resultat: Alle Marken begannen sich anzugleichen. Ob Fendi, Gucci oder Louis Vuitton, ob Billig- oder Luxusmarken – alles versank im gleichgeschalteten visuellen Einheitsbrei.

Jetzt haben einige Marken entdeckt, dass sie ihren Zielkunden auch faktische Nutzen anbieten sollten – wie zum Beispiel den Mehrwert durch die Handwerkskunst oder den Qualitätsgewinn durch die Materialwahl oder die Formgestaltung.

Deshalb mein Tipp Nr. 5: Sag immer, worum es sich handelt und stelle immer die Hauptnutzen Deiner Leistungen in den Vordergrund. IMMER. Emotionen sind wichtig, doch für sich alleine bringen sie nicht den gewünschten Erfolg.

Merke: Deine Leistungen sind "Der Star", nicht Nebenschauplätze. Durch Emotionen kannst Du Aufmerksamkeit erzeugen, doch verkaufen kannst Du nur über Nutzen, welche Menschen überzeugen.

Darum mein Tipp Nr. 6: Emotionalisiere die Hauptnutzen Deiner Leistungen. Emotionalisiere die Wirkungen, also das, was jemand durch Dein Tun erhält – dann beginnst Du, auf dem richtigen Weg zu sein.

Beispiel: Verkaufe also keine Rasenmäher, sondern verkaufe die Vorstellung eines schön geschnittenen Rasens, auf dem Deine Wunschkunden ein feuriges Fest mit ihren Freunden feiern.

Notizen

Die Begehrlichkeit von Unternehmen fördern.

Viele Chefs sind der Überzeugung, dass ihr Unternehmen alleine durch Werbung und Kommunikation erfolgreicher wird. Dies ist ein Irrtum, der gravierende Folgen hat und Unternehmen harte Zeiten bringt. Denn wenn ein Unternehmen nicht über eine spezifisch ausgearbeitete Positionierung verfügt, laufen alle Massnahmen ins Leere.

Darum mein Tipp Nr. 7: Bevor Du viel Geld für Kampagnen ausgibst, solltest Du zuerst über eine Positionierungsstrategie nachdenken – über eine Strategie also, welche Dein Unternehmen einmalig in die Köpfe Deiner Ansprechpersonen setzt.

Eine Positionierung ist das, was Dich von Deinen Mitbewerbern unterscheidet – z.B., Du bist „Die Apotheke am Bahnhofplatz", oder Du bist „Die kleinste Werbeagentur der Welt" – oder vielleicht bist Du „Die Nr. 2" – so wie AVIS einmal sagte: „Wir sind die Nr. 2. Wieso sollten Sie also mit uns fahren? We drive harder."

Aus diesem Grund mein Tipp Nr. 8: In vielen Unternehmen schlummert häufig unentdecktes Potenzial, welches sich zu Positionierungszwecken eignet. Wie z.B., „Dein Unternehmen hat das Team, mit den freundlichsten Stimmen am Telefon". Oder wie das Team eines Mandanten von uns: Dieses Team verkörpert in seinem Marktfeld die Idee von „Herzblut" – und dies so stark, wie kein zweites in seiner Branche.

Merke: Nur eine ausgefeilte und aussagekräftige Positionierung gibt Deinem Unternehmen die Begehrlichkeit bei Kunden – wie bei Mitarbeitenden – welche Du Dir wünschst.

Probleme als Chancenfaktor.

Wir alle träumen von neuen Chancen. Doch zu oft sind wir in dem gefangen, was uns täglich fordert und uns umgibt. Dabei übersehen wir oft, dass das wahre Glück direkt vor unserer Nase liegt. In Form von brennenden Problemen in uns vertrauten Märkten.

Deshalb mein Tipp Nr. 9: Fokussiere Dich auf die Probleme in Märkten, die Du bereits kennst, und suche nach neuen Lösungen in Deinem angestammten Gebiet. Denn Chancen entstehen durch das Eintauchen in die akuten Probleme von Ansprechgruppen, welche einer zwingenden Lösung bedürfen.

Beispiel: Belimo wurde von 0 auf 100 Weltmarktführer für Antriebslösungen zur Regelung und Steuerung von Luftströmen in Klimaanlagen. Grund: Weil die Gründer erkannten, dass es in diesem Gebiet keine problemfreien Lösungen gab.

Und mein Tipp Nr. 10: Tauche auch in neue Zielkunden ein, indem Du danach trachtest, Deine Fähigkeiten auf neue Problemfelder neuer Märkte und neuer Kunden anzupassen.

Nochmals Belimo: Vor allem in der Schweiz konnte Belimo dank seiner hervorragenden Marktstellung kaum mehr wachsen. Jetzt wendet Belimo sein Wissen auch für technologisch hochstehende Regelventile für Wasseranwendungen an. Resultat: Das neue Feld wächst und wächst.

Quintessenz: Chancen sind die direkte Folge aus der Suche nach Problemen. Und wenn Du auf dringende Probleme Lösungen anbietest, dann wirst Du auch morgen noch erfolgreich sein. Deshalb: Sei in erster Linie problemorientiert – grabe tief, so tief, wie es nur irgendwie geht. Denn dort, wo der grösste Leidensdruck herrscht, entdeckst Du die ergiebigsten und wertvollsten Goldadern.

Schachspieler versus Schachfigur.

Hand aufs Herz – wie schätzt Du Dein Unternehmen ein: Siehst Du Dein Unternehmen als führend an, als eines, welches den Markt mitbestimmen kann, oder eher als eines, welches von den Handlungen und Veränderungen anderer abhängig ist?

Mit anderen Worten: Bist Du ein „Schachspieler" oder eine „Schachfigur"? Kannst Du in marktbestimmenden Fragen selbstbestimmt handeln, oder findest Du Dich zu oft als „Spielball der Gegebenheiten" wieder? Wo gehörst Du hin?

Keine Angst, beides ist gut.

Hier mein Tipp Nr. 11 für „Schachspieler": Schachspieler werden gejagt – zu viele wollen an demselben Erfolg teilhaben. Du entrinnst dieser Situation, indem Du Dir die Positionierung des uneinholbaren Innovators zulegst. Ziel: Wortführer durch Insider-Wissen.

Logitech als Beispiel: Seit der Gründung 1981 ist Logitech mit innovativen Technologien führend im Computer-Peripherieequipment – und hat auch nicht vor, diese Stellung abzugeben.

Und mein Tipp Nr. 12 für „Schachfiguren": Du erhöhst Deine Chancen, indem Du Dich zum Wortführer der Branche aufschwingst. Mache es Dir zu eigen, mehr als andere über die Branche zu wissen. Ziel: Wortführer durch Allgemeinwissen.

Wie Du das machen kannst? Bringe Bulletins mit Marktwissen heraus. Tätige laufend Studien, welche aufzeigen, was sich morgen bewegen wird – und setze diese multimedial in Szene.

Das Motto heisst: Werde zum stabilen Faktor über alles, was es zu wissen gilt. Merke: Kunden hören auf diejenigen, die wissen, wo es langgeht.

Notizen

Verlierst Du Aufträge an die "schlechtere" Konkurrenz?

Viele sehr gute Unternehmen, welche überdurchschnittlich gute Produkte oder Leistungen anbieten, versagen an der Front. Zum Ärger von sich selber.

Solche Unternehmen versagen, weil sie nicht wirklich wissen, was Kunden tatsächlich kaufen. Kunden kaufen nicht das Beste, sondern das, was sie verstehen. Es verkauft das Unternehmen, welches die Hauptnutzen für Kunden einfacher darstellen kann.

Deswegen mein Tipp Nr. 13: Reduziere Deine Aussagen auf das Wesentliche. Streiche einen Hauptnutzen heraus und kommuniziere diesen eingängig und nahe am Kunden.

Und mein Tipp Nr. 14: Bevor Du Deine Leistungen öffentlich machst, überprüfe bei Deiner Zielgruppe, ob und wie sie die Inhalte Deiner Kommunikation versteht – und vor allem ob sie realisiert, wie der Hauptnutzen ihr Leben bereichert.

Nimm Kärcher als Beispiel: Andere Unternehmen sind auch in der Lage, Gartengeräte herzustellen. Doch Kärcher versteht es meisterhaft, die Vorzüge ihrer Geräte nutzenorientiert und für jedermann verständlich zu kommunizieren.

Und so, wie wir heute „googeln", um Informationen schnell und leicht zu erhalten, so „kärchern" wir heute, wenn wir unsere Bodenplatten schnell und einfach sauber halten wollen. Besser geht es nun wirklich nicht.

Fazit: Wer als Unternehmer erkennt, wie er seine Leistungen für Kunden einprägsamer und fokussierter als der Wettbewerb darstellen kann, wird der Held im Markt.

Wenn die Profitabilität zu sinken droht.

Der sich immer schneller drehende wirtschaftliche Welt-Zirkus ist stark geprägt von Unsicherheit, Komplexität, Flüchtigkeit und Mehrdeutigkeit. Und alle ahnen, dass sich in naher Zukunft noch vieles verändern wird.

Doch wie erzielst Du bei all diesen Unvorhersehbarkeiten ein gesundes Wachstum? Und wie erreichst Du, dass sich Dein Unternehmen auch in der Zukunft positiv entwickelt?

Hier mein Tipp Nr. 15: Gib Deinen Kunden Stabilität und Sicherheit. Fakt ist: Noch nie war der Ruf nach Orientierung und Stabilität so gross wie heute. Der Wunsch nach Identität und Zugehörigkeit wird immer grösser.

Und mein Tipp Nr. 16: Positioniere Dein Unternehmen als stabilen Lebensfaktor im Gedächtnis Deiner Kunden. Denn wer sein Unternehmen mit einer Positionierung ausstattet, welche Zuversicht und Stabilität vermittelt, verlässt das Spielfeld als Gewinner.

Hier ein kleines Beispiel, ein Ideenkonzept, welches Dir weiterhelfen kann. Verbinde Dein Unternehmen oder Deine Leistungen mit lokalen, regionalen oder überregionalen Attributen, welche die Heimat in Form von landschaftlich, architektonisch, historisch, kulturell, wirtschaftlich oder eventuell auch sozial widerspiegeln. Denn nur schon der Begriff „Swissmade", als Beispiel, ist für viele von uns ein Vertrauenssymbol, welches Sicherheit vermittelt. Du wirst staunen, wie Dir die Herzen Deiner Wunschkunden mit dieser Taktik zufliegen werden.

Kurz und knackig gesagt: Gib Deinen Kunden in diesen wilden Zeiten Stabilität und Sicherheit zurück. Mache Dich zum stabilen Faktor Deiner Kunden.

Veränderungen managen. Aber wie?

Frage: Verändert sich in naher Zukunft Deine Situation und stehst Du neuen Herausforderungen gegenüber? Wenn ja, dann könnten die folgenden Tipps Dich interessieren.

Veränderungen, ob durch Markterweiterungen, strukturelle Neuausrichtungen oder Fusionen verlangen nach einem klaren strategischen Plan, der das Wesentliche fokussiert und Unwichtiges auszuscheiden vermag. Doch was einfach scheint, ist ein Feld voller Tretminen.

Deshalb hier mein Tipp Nr. 17: Mindestens 80% der Veränderungsprozesse scheitern, weil den „Soft Facts" zu wenig Beachtung geschenkt wird. Unterschätze also niemals den Wirkungsgrad des „Zwischenmenschlichen". So gewinnst Du das Vertrauen intern und extern.

Und mein Tipp Nr. 18: Schneide rigoros jeglichen „liebgewonnen" Ballaststoff ab. Gehe allem nach, was intern verteidigt und scheinbar noch „gebraucht" wird, und bringe die Schere zum Einsatz. Tote Pferde reiten lohnt sich nicht.

Das Motto heisst: Stärke das Miteinander, und schärfe vor allem den Blick auf das Wesentliche. Dies ist bei Veränderungen der wichtigste Prozess, aber auch der schwerste.

Notizen

Die richtige Zielgruppe richtig ansprechen.

Nur sehr wenigen Marketingverantwortlichen gelingt es, Zielgruppen gerechte Ansprachen zu lancieren. Sie versuchen irgendeine Idee emotional zu verpacken und wagen den Schuss ins Blaue. Resultat: Viel Geld wird für wenig Resonanz vernichtet. Doch es geht auch anders. Aber wie?

Zuerst einmal gilt es, die optimalen Zielgruppen zu definieren. Doch mache nicht den Fehler Deine Zielgruppen rein nach Geschlecht, Alter, Umgebung, Einkommen, Beruf etc. zu bestimmen. Sehr viel wichtiger ist es herauszufinden, nach welchen Denkmustern Deine Zielgruppen operieren.

Deshalb hier mein Tipp Nr. 19: Finde heraus, wie Deine Zielgruppen „funktionieren". Sind sie eher dynamisch, bewahrend, vielleicht sinnlich oder innovativ? Dies gibt Dir die ersten Hinweise für Ansprachen, die „treffen".

Befasse Dich einmal mit den Denkstrukturen Deiner Mitmenschen. Unter haeusel.com und unter jaagou.com findest Du Antworten dazu.

Und mein Tipp Nr. 20: Finde zusätzlich heraus, welche Bilder Deine Zielgruppen innerlich sehen und was sie emotional empfinden, wenn sie mit Deinen Leistungen „denken". Dann verbindest Du diese beiden Tipps miteinander – et voilà, und jetzt funktioniert's.

Zugegeben: Das ist nicht einfach, doch enorm wirkungsvoll. Und Du hörst damit auf, Dein Geld zu verschwenden.

Marke versus Marketing.

Marke ist nicht Marketing – doch was ist Marke, und was ist Marketing?

Die Marke entwickelt sich aus der Vision, den Werten und der strategischen Ausrichtung einer Unternehmung – und dies über sämtliche Abteilungen und Hierarchien hinweg. Marke bedeutet Reputation. Reputation im Gedächtnis aller Ansprechgruppen.

Marketing ist die Ausrichtung auf die Förderung des Absatzes. Es ist die Beobachtung und Lenkung des Marktes sowie die Steuerung der zu produzierenden Leistungen. Marketing ist also weit mehr als einfach nur Werbung und Kommunikation, es betrifft die gesamte Marktausweitung und Bearbeitung.

Deshalb hier mein Tipp Nr. 21: Merke: Die Marke liegt bei Unternehmen immer in den Händen der obersten Führungsriege. Diese bestimmt die durch die Leistungs-, Strategie- und Organisationskompetenzen entstehenden Reputationsziele – z.B. wie und durch was wollen wir wahrgenommen werden?

Und mein Tipp Nr. 22: Setze alle positiven Aspekte dieser Reputationsziele für Deine Marketingziele ein. So formst Du einen konsistenten Guss Deiner Marke.

Mammut ist hierfür ein gutes Beispiel. Mammut verbindet mit ihrem Marketingangebot „Alpine School" unvergessliche Bergerlebnisse mit der dazugehörenden Ausrüstung. Wer eine Tour mitmacht, erlebt dadurch die Vision von Mammut, die oberste Spitze in der Outdoor-Bekleidung zu sein, mit der Mission Menschen für die Natur zu begeistern.

Fazit: Der Fokus der Marke ist dem Marketing immer übergeordnet. Wenn Du dies beherzigst, wirst Du an Stärke gewinnen.

Sinninhalte für eine erfolgreiche Marke.

Ob Du dies willst oder nicht – Dein Unternehmen IST eine Marke. Und diese Marke ist so stark wie ihr Ruf. Deshalb gilt: Ein konsequenter, erfolgreicher Rufaufbau geschieht jeden Tag. Die Frage lautet also: Was steigert den Ruf?

Aus diesem Grund hier mein Tipp Nr. 23: Marken, die Sinn stiften setzen sich langfristig durch. Was heisst: Attraktive Attribute, welche auch die Lebensideen Deiner Kunden in den Vordergrund stellen, erleichtern deren Entscheidung für eine treue Verbindung mit Dir.

Und mein Tipp Nr. 24: Versteh Deine Marke als Orientierungshilfe für Deine Kunden. Definiere klare Werte und verbinde diese im Zeitgeist von heute mit den Vorstellungen Deiner Kunden.

Beispiel: Greenpeace oder der WWF wurden mit einer solchen Strategie gross. Aber auch viele B2B-Unternehmen, welche mit ihren Entwicklungen für umweltbewusste Leistungen die Welt gestalten, profitieren von diesem Denken.

Klar ist: Menschen wollen nicht manipuliert werden – sie suchen nach Werten. Deshalb gilt: Erfolgreiche Marken positionieren sich wirtschaftlich, sozial und ökologisch – sinnorientiert – nahe am Menschen.

Notizen

Der Aufschwung und Niedergang von Marken.

Wer ist verantwortlich für den Aufschwung eines Unternehmens, welches sich einen guten Markennamen geschaffen hat? Und wer ist verantwortlich dafür, wenn der Karren an die Wand klatscht? Kurzum: Es ist immer – ausser gierige Bänkster oder im Kopf gestörte Politiker treiben ihr Unwesen und zerrütten die Gesellschaft – das Unternehmen selbst. Auf einen Nenner gebracht: Marken wachsen von innen heraus und werden auch von innen her zerstört.

Deshalb mein Tipp Nr. 25: Um eine Marke im Spielfeld zu halten, muss sich die Markenführung – sprich die Führungsspitze – permanent mit den Umfeldfaktoren befassen. Die da sind: Technologisches Umfeld, soziale und wertorientierte Veränderungen der Gesellschaft sowie politische und wirtschaftliche Einflüsse.

Merke: Markenführung ist ein dauerhafter Prozess.

Demzufolge mein Tipp Nr. 26: Gedanklich muss sich die Markenführung immer mit den Ungewissheiten und den Veränderungen im Unternehmen befassen. Denn es gilt: Nur wer sich verändern und sich weiterentwickeln kann, bleibt auf längere Sicht zukunftsfähig und wird auch morgen die Früchte seiner Erfolge ernten.

Eine Tatsache gilt es nicht zu übersehen: Mit der Digitalen Transformation steht auch ein Paradigmenwechsel in der Führung bevor. Unternehmer müssen heute jederzeit in verschiedene Richtungen denken und entsprechende Szenarien für die Unternehmensentwicklung durchspielen können.

Google einmal den Begriff „VUCA".

Zwei Seiten prägen eine starke Marke.

Die Marke ist der Treiber für einen nachhaltigen Einfluss im Markt. Nach aussen gibt die Marke eine Orientierung und liefert Entscheidungshilfen für den Kunden. Und für das Team ist die Marke das Gefäss der Werte. Sie liefert die Motivation mit an Bord zu sein, um sich zu engagieren. Doch was sind die entscheidenden Faktoren, welche eine starke Marke prägen? Es sind zwei Seiten, die sich gegenseitig anziehen.

Folglich mein Tipp Nr. 27: Die eine Seite heisst Markenplanung. Sorge für eine klare Planung Deiner Marke. Entwickle konkrete Messgrössen – wie z.B. Beliebtheitsgrad im Kontext zum Wettbewerb, Spiegel der Beanstandungen und Belobigungen sowie die Entwicklung der Preisstabilität, etc. – anhand derer Du den Fortschritt messen kannst. Definiere Dein Fernziel und sorge für durchführbare Planungsschritte, welche zu diesem Ziel hinführen.

Die Messerschmiede Victorinox ist hierfür ein gutes Beispiel. Auf dem internationalen Parkett gut auf Kurs, sorgt Victorinox für ein gutes Zusammenspiel aller relevanten Messgrössen, welche für sie wichtig sind. Resultat: Victorinox ist mehr als nur Messer. Victorinox ist eine Markenwelt, die unzählige Fans begeistert.

Und mein Tipp Nr. 28: Die zweite Seite heisst Emotionen. Eine Marke ohne Emotionen ist wie ein toter Fisch im Wasser. Sorge somit für Markeninhalte welche Kunden sowie Teammembers zu begeistern vermögen. Entfache Funken, welche Menschen inspirieren.

Merke: Der Grund wieso es so viele lieblos geführte oder austauschbare Unternehmen gibt, ist, weil diese beiden Pole nicht aufeinander abgestimmt sind. Bei Victorinox sind sie es.
Packe es also an, und die Welt gehört Dir.

Markenwissen – aber was tun damit?

Was heisst Wissen? Wissen heisst Gewissheit über etwas haben. Und wie gelangt ein Mensch zu Gewissheit? Indem er Dinge tut, sprich: Erfahrung in etwas aufbaut. Vor Gewissheit existieren nur Daten, Informationen und Meinungen – meist mixen sich die Menschen einen bunten Cocktail daraus und meinen dann zu wissen.

Wenn Du also aus Wissen einen Nutzen ziehen willst, dann empfiehlt es sich, in dieser Richtung etwas in Bewegung zu setzen.

Deswegen mein Tipp Nr. 29: Beginne in Bezug auf Marken-wissen Erfahrung aufzubauen. Überlege Dir zum Beispiel, wie Du mehr Aufmerksamkeit auf Dein Unternehmen lenken, oder wie Du die Kundenzufriedenheit steigern kannst, und probiere Deine Ideen aus. Mache Tests und korrigiere deren Resultate. So gewinnst Du immer.

Nebenbei bemerkt: Tests und Pilotprojekte sind in Europa eine der meist vernachlässigten Marketinginstrumente. Dies ist der Hauptrund, weshalb 95% der Neueinführungen auf der Flopliste stehen.

Und mein Tipp Nr. 30: Gute Führungskräfte haben das Selbstbewusstsein, nicht alles können zu müssen. Deshalb wende Dich an Experten. Denn Experten besitzen den Vorteil, dass sie Erfahrungen haben, welche Du nutzen solltest. Gute Experten stellen die richtigen Fragen und können die richtigen Lösungen mitbringen – oder sie wissen, wie die gewünschten Ergebnisse mit Kunden zu realisieren sind. Und Du weisst ja: Vor allem die Aussensicht stärkt die Innensicht.

Notizen

Markenvertrauen, der Schlüssel zu Rentabilität.

Was macht eine starke Marke aus? Starke Marken haben mehr Stammkunden, sie haben eine tiefe Abwanderungsrate und sie werden in grossem Masse weiterempfohlen. Resultat: Starke Marken können höhere Preise durchsetzen, und was wichtig ist: Sie haben weniger Akquisitionskosten – ergo: die Profitabilität steigt.

Die Sache ist die: Starke Marken haben eine hohe Reputation – sie geniessen das Vertrauen ihrer Ansprechgruppen.

Demzufolge mein Tipp Nr. 31: Achte darauf, dass sich Dein Unternehmen laufend an den Berührungspunkten (Touchpoints) – dies sind die Schnittstellen, welche Dein Unternehmen mit Deinen Zielgruppen verbinden – verbessert. Der erste Schritt dazu: Durchleuchte alle Berührungspunkte nach Verbesserungspotenzial.

Und mein Tipp Nr. 32: Sorge an den Kontaktpunkten für eine Alleinstellung im Vergleich zum Wettbewerb. Und schaffe an diesen Schnittstellen Erlebnisse, welche Zielgruppen äusserst positiv bewerten.

Auf den Punkt gebracht: An den Kontaktpunkten zu Deinen Ansprechgruppen wird das Rennen entschieden. Nirgends sonst wird mehr Vertrauen aufgebaut – es ist der goldene Schlüssel zu Rentabilität.

Marke ist Leben.

Der Grad, wie viel Leben in einem Unternehmen steckt, zeigt den Grad der Markenstärke dieses Unternehmens an. Er zeigt an, wie viel Herzblut Menschen für dieses Unternehmen geben. Und vor allem zeigt er an, welche Verhaltensweisen in einem Unternehmen vorherrschen.

Die Hauptfrage lautet: Welches Mindset wird gelebt? Können Menschen gestalten, oder nur verwalten? Wird Transparenz gefördert, oder mit dem Finger auf andere gezeigt? Werden Veränderungen angegangen, oder werden tote Pferde gepflegt?

Deshalb mein Tipp Nr. 33: Fördere eine aktive Lebenskultur in Deinem Unternehmen. Gib innovativem Denken und Handeln eine Chance. Fördere Spontanität und Forscherdrang. Und vor allem: Schiebe einen Riegel vor, wenn Bremser oder Besserwisser wieder einmal ein Haar in der Suppe suchen.

Und mein Tipp Nr. 34: Wenn etwas schiefläuft, dann suche nicht Schuldige, sondern fordere neue Lösungen. Merke: Schuldige setzen sich nicht mehr für Dich ein. Menschen, die aus ihren Fehlern lernen dürfen, jedoch schon.

Fazit: Das Mindset entscheidet über den Grad an Leben in einem Unternehmen. Ist viel Leben drin, ist die Marke stark.

In der Schublade feststecken.

Jedes Unternehmen steckt in einer Schublade. Sprich: Steckt in einer Gedächtnisablage bei Kunden, Interessenten, aber auch bei Konkurrenten.

Ist man gut positioniert – wenn also viele Menschen wissen was ein Unternehmen tut, wofür es steht und ob es sich zeitgemäss präsentiert – dann ist alles gut.

In einer Schublade verhaftet zu sein, birgt aber auch erhebliche Nachteile. Trägheit und Stagnation können das Unternehmen unterwandern, aber was noch viel wichtiger ist, man kann Veränderungen nur schwer gerecht werden. Grund: Ist man im Gedächtnis der Menschen verankert, ist ein lösen daraus eine Herkulesaufgabe. Man steckt in der Schublade fest.

Das berühmteste Beispiel hierzu ist wohl Kodak. Kodak war die Erfinderin der Digitalen Kameras – doch Kodak und viele ihrer Kunden konnten sich nicht vom Begriff „Film" trennen. Sie steckten in der Schublade „Film" fest, verloren das Rennen und verschwanden vom Markt.

Darum mein Tipp Nr. 35: Schaffe Dir den Ruf, aktuell und agil zu sein. Auf gut deutsch: Lege Dein Ohr auf die Schiene, und spüre jede Vibration, welche Veränderungen ankündigt.

Und mein Tipp Nr. 36: Halte Deine Ansprechgruppen mit Informationen auf Trab. Lasse nicht zu, dass irgendjemand nicht erfährt, was Du Neues tust.

Wichtig: Finde heraus, bei wem Du wie in der Schublade steckst und ändere Festgefahrenes – und sei auf der Hut – immer.

Notizen

Die Kunden richtig verstehen. Auf was kommt es an?

Die wichtigste Frage, welche Du Dich im B2B-Marketing stellen solltest lautet NICHT „Was wünschen sich unsere Kunden?", sondern sie heisst „Was wünschen sich die Kunden unserer Kunden?". Auf einen Nenner gebracht: Wenn Du nicht vollständig verstehst, was die Bedürfnisse der Kunden Deiner Kunden sind, so lange kannst Du die Interessen Deiner Kunden nicht richtig unterstützen.

Deshalb mein Tipp Nr. 37: Analysiere die Bedürfnisse der Kunden Deines Kunden und mache Deinen Kunden auf diese Wünsche aufmerksam. Du wirst staunen, wie Deine Kunden Dich zu bevorzugen beginnen.

Und mein Tipp Nr. 38: Recherchiere nicht nur die momentanen, sondern vor allem auch die zukünftigen Tendenzen der Märkte Deiner Kunden. So kannst Du Deine Kunden in deren Marktentwicklung unterstützen. Ein besseres Instrument zur Kundenbindung gibt es nicht.

Knackig formuliert: Wenn Dir nicht vollkommen klar ist, was die Wünsche der Kunden Deiner Kunden sind, so lange tappst Du durch Dunstwolken. Doch mit diesen beiden Tipps klart der Himmel auf und Du wirst unschlagbar.

Nur die Wahrheit des Kunden zählt.

Wie erobert man Kunden, welche schon anderswo kaufen? Die herkömmliche Lösung lautet: Zahlen und Fakten sollen potenzielle Kunden überzeugen. Das ist harzig. Wichtig zu verstehen ist: Wenn ein Kunde einen Funken Erfahrung in einer Leistungskategorie hat, dann geht er davon aus, dass er mit seiner Auffassung richtig liegt. Was in seinem Kopf existiert, also das, was er denkt, bedeutet für ihn die gültige Wahrheit. Die Frage lautet also: Wie schafft man es, auf eine kluge Art und Weise, sich vor die Konkurrenten zu stellen?

Hier mein Tipp Nr. 39: Merke: Du kannst niemandem dazu bewegen, sich etwas aus dem Kopf zu schlagen, was er sich einmal in den Kopf gesetzt hat. Versuche also nicht, Menschen zu einem Sinneswandel zu bewegen. Dies kostet nur Zeit, Kraft und Geld.

Deshalb mein Tipp Nr. 40: Wenn Du gewinnen willst, dann verkaufe nicht Deine „Realität", sondern biete die Wahrnehmungen an, welche die „Wahrheiten" der Angesprochenen widerspiegeln. Wie schon erwähnt: Verkaufe keine „Rasenmäher", sondern biete die im Kopf der Kunden existierende Wunschvorstellung eines Grillfestes auf einem schön geschnittenen Rasen an.

Merke: Der Magnet, der sicherstellt, dass Wunschkunden sich bei Dir anstellen, besteht also aus den Wahrnehmungsinhalten, welche Kunden bevorzugen.

Als Unternehmen zukunftsfähig sein.

Dass das in ein Unternehmen gesetzte Vertrauen das höchste Gut für ein Unternehmen ist, ist hinlänglich bekannt. Und dass man seine Kundenvorteile permanent neugestalten und sich agil im Markt bewegen soll, bedarf ebenfalls keiner besonderen Nennung. Ebenso bedarf es keiner Erläuterung, dass man seine Prozesse und Strukturen für eine optimale Wertschöpfungskette im Griff haben sollte.

Doch Hand aufs Herz: Weisst Du, wie das oben genannte auf längere Sicht gelingen kann? Die Frage lautet: Auf was kommt es an, um morgen noch zukunftsfähig zu sein?

Hier mein Tipp Nr. 41: Setze auf ein Team, das vom „Erfolgreichsein" beseelt ist. So wird Dein Unternehmen schneller, besser und wendiger. Doch wie wird ein Team vom „Erfolgreichsein" beseelt?

Dazu mein Tipp Nr. 42: Fördere die Team-Kollaboration. Ein intelligentes Kollektiv besitzt eine enorme Hebelwirkung. Menschen mit dem entsprechenden Mindset befähigen sich gegenseitig und unterstützen sich in ihren Handlungen und Entscheidungen auf gemeinsame Erfolgsziele hin.

Wichtig: Integriere eine zu Deinem Unternehmen passende Employer Branding-Strategie – Team Recruiting und Teamloyalität. Orientiere Dich an den „Gipfelstürmern" – sie geben Dir Hinweise darüber, wie man fähige Teammitglieder für sich gewinnen kann. Tust Du es nicht, dann tun's die anderen.

Notizen

Über Inhalte führen, nicht nur über Zahlen.

Es gibt viele Unternehmen, die zu viel über Zahlen und zu wenig über Inhalte führen. Was heisst: die Ziele für das Team werden vorwiegend über Zahlen definiert. Doch diese Methode ist kein Garant dafür, dass Mehrleistungen entstehen. Im Gegenteil: Demotivation und eine negative Stimmung gegen das Management sind nur zu oft die Resultate daraus.

Der Grund: Wer zu viel über Zahlen führt, kennt in der Regel die Hebel zur Steigerung der intrinsischen Teammotivation nicht. Sie wissen viel zu wenig darüber, für was sich Mitarbeitende begeistern und für was sie eine Extrameile gehen.

Deshalb mein Tipp Nr. 43: Finde über die Definition des Markenkerns die Inhalte heraus, mit welchen sich Deine Teammembers identifizieren. Was heisst: Welche Vision, welche Mission, welche Werteorientierung beflügelt sie – für was setzen sie sich bedingungslos ein?

Und mein Tipp Nr. 44: Setze den Markenkern als Führungsinstrument ein. Denn Inhalte sind greifbar und erlebbar. Und sie ermöglichen Deinem Team einen Schalthebel zu bedienen, der sie nach vorne bringt – und sie stolz auf ihre persönlichen Leistungen macht.

Gute Führungskräfte wissen: Marktorientierte Unternehmen fördern den Wissenszuwachs ihres Teams – dieser Wissenszuwachs führt zu mehr Innovationskraft – und diese Innovationskraft führt zu mehr Finanzen – welche zu mehr Wissenszuwachs im Team – dann zu mehr Innovationskraft – und wieder zu mehr Finanzen führen – usw.

Halte Dein Unternehmen schlank.

Viele Unternehmen haben es vorgemacht, und viele sind dabei gescheitert. IBM z.B. stand einmal für Grossrechner, dann für alles Mögliche – PCs, Notepads, Workstations, Software, Netzwerke, Telefone etc. – und ging als Tanker fast unter. Dann berief man sich auf seine Stärken, wendete und versucht heute auf wichtigen Ebenen mit dabei zu sein. Doch der grossartige Ruf, den IBM einmal besass, kehrte nie mehr zurück. Wieso? Weil man der Versuchung unterlag, seinen guten Namen in zu vielen Märkten präsent zu halten. Die Idee dahinter? Breite bringt Geld.

Falsch gedacht! Diversifikations-Strategien mögen am Anfang erfolgreich erscheinen und mehr Umsatz bringen, doch die steigenden Personal-, Marketing- und Prozesskosten fressen die Gewinne auf – ergo: Das Unternehmen wird schwach.

Aus diesem Grund mein Tipp Nr. 45: Wenn Du heute und in der Zukunft erfolgreich sein willst, dann solltest Du Deinen Aktionsradius schlank halten. Sei fokussiert, um eine starke Position im Kopf der Kunden aufzubauen. Denn Kunden wollen wissen, für was ein Unternehmen steht.

Und hier mein Tipp Nr. 46: Natürlich musst Du den Markt beobachten und dich auf Änderungen einstellen. Ändere aber niemals den Fokus auf Deine Kernstärke.

Quintessenz: Mehr ist weniger, weniger ist mehr – google einmal „EKS-Strategie".

Erfolgsfaktor Freiraum.

Eine zielführende Markenstrategie auszuarbeiten ist auch für viele bestandene Unternehmen Neuland. Was heisst, dass sie sich veränderten Märkten oder neuen Kundenanforderungen stellen müssen oder wollen.

Bei einem solchen Unterfangen wird bald allen Beteiligten klar, dass es sich dabei nicht um das Überarbeiten von Bestehendem handelt, sondern um das Einführen von neuen Innovationen im Bereich der Leistungserbringung oder der Prozessorientierung.

Die Achillesferse dabei ist, zu verstehen, dass nicht alles was gewollt wird, auch präzise planbar ist. Neues einzuführen, also etwas, das noch nie getan wurde, kann niemals ohne Unvorhergesehenes – ob positiv oder negativ – geschehen.

Folglich mein Tipp Nr. 47: Ohne den gebührenden Freiraum für Anpassungen wird eine neue Markenausrichtung nicht möglich sein. Achte also immer auf alle Abstimmungsparameter, welche den Erfolg schrittweise näherbringen.

Und mein Tipp Nr. 48: Kommunikation mit allen Verantwortlichen und Beteiligten ist das A&O für neue Markenprozesse. Lasse also immer den Freiraum zur Kommunikation offen. Motto: Lieber eine schlechte, als gar keine Kritik. So minimierst Du frühzeitig Fehler und vermeidest Ungewolltes.

Notizen

Neue Marktnischen entdecken. Aber wie?

Welches ist die ideale Zielgruppe? Die Antwort lautet: Es ist diejenige, welche am meisten unter einem Wunsch- oder Zielproblem leidet. Denn hinter allen Problemen, Wünschen und Zielen von Menschen steckt das Bedürfnis nach Erfüllung. Die Frage lautet also: Welche dieser Probleme – unerfüllte Wünsche oder Ziele – haben bei Deinen Ansprechgruppen die grösste Priorität?

Hier mein Tipp Nr. 49: Erkenne, dass hinter jedem Problem der Menschen eine Chance liegt. Biete also nicht nur das an, was Dir gefällt, sondern das, was die grössten Leiden Deiner Zielgruppen lindert.

Und mein Tipp Nr. 50: Analysiere die Probleme, Wünsche und Ziele Deiner idealen Zielgruppen. Je höher die Priorität ist, desto stärker ist das Verlangen nach einer entsprechenden Lösung. Und der Clou dahinter? Wenn es ein Problem gibt, und noch niemand hat dafür eine Lösung entwickelt, so könnte sich dahinter eine neue Marktnische befinden.

Quintessenz: Die handlungsbereiteste Zielgruppe ist die, welche unter den augenblicklichen Umständen leidet. Es lohnt sich also, neue Zielgruppen zu entdecken und bei bestehenden Ansprechgruppen tief zu graben.

Marke ist kein Ziel.

Oft kommen Unternehmen zu mir mit dem Wunsch, eine bekannte Marke zu werden. Meine Frage darauf: Dann ist es Ihr Ziel, eine starke Marke zu sein? Antwort: Ja.

An diesem Wunsch ist natürlich nichts falsch. Doch es kommt auf die Betrachtungsweise an. Eine bedeutende Marke zu sein sollte nie das Endziel einer unternehmerischen Tätigkeit sein. Denn „Eine Marke sein" hat ausschliesslich den Zweck, ein unternehmerisches Gesamtziel zu unterstützen.

So wie eine Vision kein Endziel ist – eine Vision hat die Aufgabe, Kunden sowie Mitarbeitende anzuziehen – so hat die Marke die Aufgabe, das Wachstum für das Unternehmen zu fördern. Und wie kann dies geschehen?

Hier mein Tipp Nr. 51: Betrachte die Marke als Stabilisator. Marke ist immer Stabilität mit Kontinuität – sie ist Garant für Entscheidungssicherheit für Kunden wie für Mitarbeitende. Sie ist das Schiff, welches als Orientierungsinsel die Wogen der Meere meistert.

Und mein Tipp Nr. 52: Verwende Deine Marke als Glücksbringer. Denn Marke ist immer Versprechen mit Hilfe – sie ist Garant für Lösungen, welche Schmerzen lindern und Wünsche erfüllen.

Sehe es so: Eine kraftvolle Marke ist wie ein gutes Medikament. Ein Mensch will in einen besseren Zustand gelangen – er greift nach Deiner Marke – und schon geht es ihm besser :-)

Mit Selbstbestimmung Märkte erobern.

Zu viele Unternehmen richten ihr Leistungsspektrum nach der Konkurrenz aus. Was heisst, sie tendieren dazu, sich ihren Wettbewerbern anzugleichen. Die Folge daraus: Die Unterscheidbarkeit schwindet und der Wettbewerbsdruck steigt. Das Resultat: Die Preise fallen und die Marge sinkt – daraus folgen unausweichlich Einsparungen in Leistung, Service und natürlich in Marketingaufgaben, welche Geld bringen sollten.

Die Crux bei dieser Negativspirale? Der Ruf sinkt: Ergo: Der Druck auf alle Beteiligten steigt – Ratlosigkeit und Demotivation sind die Folgen.

Deshalb mein Tipp Nr. 53: Wechsle von Marktorientierung auf Markenorientierung. Finde genau heraus, was Du tun solltest und was nicht, und lanciere auf der Basis Deiner eigenen Stärken innovative Stossrichtungen.

Die Frage heisst immer: Sind wir auf dem Weg zum Kontrastprogramm zum Wettbewerb, oder kriechen wir auf der Spur zum Einheitsbrei? Setze auf Selbstbestimmung.

Dementsprechend mein Tipp Nr. 54: Setze kompromisslos auf Differenzierung – in Strategie, Leistung oder Präsenz. Frage Dich „Welche Faktoren können wir eliminieren, oder was kann radlkal gekürzt werden?" Oder: „Wie können wir den Branchenstandard erhöhen, oder was sollten wir neu erfinden, um unser Unternehmen nach vorne zu bringen?"

Google einmal „Blue-Ocean-Strategie".

Der ehemalige Strassenkünstler Guy Laliberté machte sich diese Strategie zu Eigen. Und er schuf mit dieser Strategie – den oben genannten vier Fragen – den Cirque du Soleil, den wohl phantastischsten Weltzirkus auf höchstem Niveau.

Notizen

Positionierung – der Weg zur kraftvollen Identität.

Positionierung ist die Fähigkeit, sich durch einmalige Attribute aus der Austauschbarkeit zu lösen und sein Unternehmen in ein konkurrenzloses System umzuwandeln. Dazu gehört auch, sich klarer und fokussierter als der Wettbewerb zu positionieren.

Doch aufgepasst: Gut positionierte Unternehmen sind nicht zwingend in ihren Leistungen besser – denn besser ist aus Kundensicht meist subjektiv. Wer ist besser – Mercedes, Audi oder BMW? Diese beiden Tipps werden Dir helfen können.

Mein Tipp Nr. 55: Präge ein Stilbild als Erkennungszeichen für Deine Positionierung. Ein Unternehmen kann unglaubliche Erfolge feiern, wenn es ihm gelingt, seinen Wunschkunden ein kraftvolles Bild in den Kopf zu setzen.

Ein Stilbild ist ein Markenkennzeichen das sich in Wort, Design, Bild oder Ton, je nach Ausprägung im Gedächtnis der Menschen verankert. Mercedes z.B. hat den Stern, Audi den markanten- und BMW den „Nieren"- Frontgrill – und alle drei zeichnet eine eigenständige, klare Designsprache aus; Kärcher besitzt eine gelbe, Stihl eine orange und Hilti eine rote Farbsprache – und alle sechs verfügen sie über ein klar strukturiertes „Motoren-geräuschekonzept" – Jabba-ja-ja-jippie-jippie-yeah :-)

Und mein Tipp Nr. 56: Positioniere Dich mit Deinen Stärken. USM baut schon seit Jahrzehnten dasselbe Büromöbelsystem. Vitra im Gegenzug ist auf innovative Design-Büromöbel spezia-lisiert. Obwohl in demselben Markt tätig, sind sie grund-verschieden. Doch sie bleiben ihren Stärken treu.

Klar ist: Die Positionierung macht's. Es ist der beste Weg zur kraftvollen Identität.

Emotionen als Bindemittel.

Im Marketing werden Emotionen gefordert. Kunden sollen emotional angesprochen werden. Man will, dass es funkt. Und vor allen will man, dass die Angesprochenen emotional geweckt werden – sie sollen, wenn's klingelt, kaufen.

Aber hallo? Wollen wir denn, dass uns permanent ein Wecker an die Schläfe gehalten wird, der uns daran erinnern soll, dass es wieder Zeit zum Kaufen ist? Ich denke nein.

Der Grund, weshalb viele Menschen der konventionellen Werbung überdrüssig sind, und wieso soziale Medien boomen, kommt daher, dass Werbung von aussen her auf uns einschlägt, während soziale Medien Menschen mit emotional ähnlichen Interessen vereinen.

Deshalb mein Tipp Nr. 57: Verbinde Dich mit Deinen Zielgruppen durch Inhalte, welche emotional resonieren. Finde bei jeder Form von Kommunikation heraus, wie Menschen emotional angesprochen werden wollen.

Was heisst: Sind Deine Ansprechpartner im Kern eher interessiert, gar leidenschaftlich, oder eher konservativ, vorsichtig und zurückhaltend, oder gar fröhlich, frech und feurig?

Darum mein Tipp Nr. 58: Suche bei Umfragen also nicht nur nach Antworten, sondern suche vor allem nach der emotionalen Einstellung, welche Menschen bewegen. Die Kunst einer guten Markenführung besteht darin, den grösst möglichen gemeinsamen emotionalen Nenner zu Deinen Zielgruppen zu finden.

Die Sache ist die: Emotionen sind das Bindemittel zwischen Dir und Deinen Wunschkunden.

Was bedeutet Marke?

Wie kannst Du herausfinden, was Dein Unternehmen als Marke für andere Menschen bedeutet? Wie findest Du also heraus wie der wirkliche Ruf und wie hoch das Vertrauen in Dein Unternehmen tatsächlich ist?

Vorab: Eines solltest Du Dir bewusst sein: Menschen – also Kunden, Mitarbeitende, Lieferanten oder weitere tangierte Interessensgruppen – machen sich immer ein Bild von Dir. Und diese Menschen tauschen sich ihre Kenntnisse und Eindrücke – ob persönlich erworben oder über dritte erfahren – über Dich aus.

Das heisst für Dich: Deine Marke bedeutet das, was andere Menschen über Dein Unternehmen sagen – und vor allen das, was sie sagen, wenn Du nicht im Raum bist.

Darum mein Tipp Nr. 59: Lege ein Stethoskop an die Brust Deiner Zielgruppen und finde heraus, wie deren Herz in Bezug auf Dein Unternehmen schlägt. Ist es tot oder lebendig – wird überhaupt über Dein Unternehmen gesprochen – und vor allem was und in welchem Rhythmus?

Und mein Tipp Nr. 60: Tue alles dafür, dass Deine Ansprechgruppen das über Dich sagen, was Du willst, was sie über Dich sagen sollen. Alles klar :-)

Übrigens: Das nennt man Marketing :-)

Notizen

Aus was entsteht eine gute Führungskompetenz?

Tatsache ist: Als Führungspersönlichkeit muss man nicht vom Himmel fallen. Führungsqualitäten kann man sich aneignen. Allerdings haben gute Führungspersönlichkeiten die Fähigkeit, ihr Verhalten und ihre Handlungen zu reflektieren. Was heisst: Sie können Wirkungen, welche sie auslösen, beurteilen und sich gemäss ihrer Einschätzung verbessern.

Aus was entsteht nun eine gute Führungskompetenz? Gute Führungsanlagen wie „Begeisterung wecken", „eloquent kommunizieren" oder „ein fairer Teamplayer sein", entstehen aus dem Kennen seiner eigenen Person. Die Art und Weise, wie Du mit Dir selbst, bzw. mit anderen umgehst, macht letztendlich Deinen Führungserfolg aus.

Deshalb mein Tipp Nr. 61: Höre nicht auf, Dich in Deiner Führungskompetenz zu verbessern. Denn Du weisst ja: Ein zielführendes Fördern und Fordern von andern kann nur dann Erfolg haben, wenn man glaubwürdig „vorleben" kann.

Und mein Tipp Nr. 62: Trenne strickt Deine Management-Ausbildung von Deiner Führungsausbildung. Das eine hat mit dem andern nur sehr wenig zu tun. Management löst die Strategieaufgaben, Führung entwickelt die Teamleistung.

Und was hat dies alles mit Marke zu tun? ALLES. Denn ein Unternehmen als Marke ist nur so stark wie seine Führungspersönlichkeiten.

KMU als starke Marken.

Zuerst: Kann ein KU oder ein MU eine Marke sein? Kann ein IT-Dienstleister mit einem Team von zwanzig Personen – um ein Beispiel zu nennen – überhaupt eine Marke sein? Und wenn ja, was sollte man tun, um als Marke wahrgenommen zu werden?

Klar ist: Jedes Unternehmen ist eine Marke. Und eine Marke ist so stark wie ihr Ruf. Ein solcher Ruf kann gegen 0 oder gegen 100 tendieren, je nach Wirkungsgrad der unternehmerischen Gesamtleistungen. Wenn man also von Dir spricht, weil Du gute Arbeit leistest, und wenn Du dafür bekannt bist, ein guter Arbeitgeber zu sein, dann bist Du ganz sicher eine Marke, die mit über 50 Punkten im Rennen liegt.

Du steigerst diese Punktzahl, indem Du die Fähigkeit besitzt, alle positiven Attribute, welche Dich umgeben, zu kultivieren. Je mehr Du also Deine Pluspunkte nach vorne stellst, desto stärker wird der Wahrnehmungsgehalt Deiner Marke.

Darum mein Tipp Nr. 63: Finde also heraus, welche positiven Attribute in Deinem Unternehmen stecken, und stärke dieses Positive bis zur obersten Grenze hin.

Und mein Tipp Nr. 64: Hinterfrage alles. Denn eines ist klar. Die Zukunft ist nicht einfach ein Mehr an Vergangenheit. Die Gefahr liegt darin, dass wir das, was sich verändert, durch die Brille von bestehenden Routinen sehen. Was also heute positiv scheint, könnte bereits tiefste Vergangenheit sein.

Netflix hat sich das Hinterfragen von Bestehendem zur Kultur gemacht. Mit der Frage „Was ist der Zweck dieser Aktivität?" entrümpelt Netflx regelmässig irrelevante Richtlinien, Aktivitäten oder Verfahren, um sich eine maximale Flexibilität im Markt zu erhalten. Ein Ansatz, den sich vor allem KMU zu Herzen nehmen sollten.

Die Rolle der Annehmlichkeit.

Kunden kaufen vor allem dort, wo sie die grössten Annehmlichkeiten erfahren.

Nehmen wir als einfaches Beispiel die Tankstellenshops, welche durch längere Öffnungszeiten bestechen. Haben diese Shops tiefere Preise? Nein. Bessere Waren? Nein. Eine grössere Auswahl? Nein – im Gegenteil. Der einzige Grund für ihre Existenz ist die Annehmlichkeit. Man kann Lebensmittel oder Schnickschnack kaufen, wenn man gerade an einer Tankstelle vorbeikommt.

Oder nehmen wir die schon oft todgesagten Versandkataloge, welche zielgruppenorientiert immer noch gut auf Kurs sind, oder der vom Detailhandel arg verwünschte Internetvertrieb. Wieso werden hier die Umsätze immer grösser? Weil wir alle nach Komfort und Annehmlichkeiten Ausschau halten.

Deshalb mein Tipp Nr. 65: Ganz gleich, in welcher Branche Du tätig bist: Verpasse es nicht, für Deine Kunden die grössten Annehmlichkeiten zu schaffen. Es gibt nichts Schöneres, als Kunden zu sehen, welche gerne kaufen.

Und mein Tipp Nr. 66: Vermeide Einsparungen, welche auf Kosten der Annehmlichkeit gehen – wie zum Beispiel Kunden am Telefon in Warteschlaufen verhungern lassen. Es ist kein Wunder, dass Firmen, die dies tun, mit ihrem Ruf zu kämpfen haben.

Notizen

Sicherheit – als Hauptnutzen unersetzbar.

Seit der Zeit, als vor über 70'000 Jahren der Homo Sapiens von Afrika aus gegen Europa wanderte, hat sich bezüglich der Grundbedürfnisse des heutigen Menschen nur wenig geändert.

Was damals wichtig war, ist auch heute wichtig. Nehmen wir zum Beispiel das Bedürfnis nach Sicherheit. Was früher die Höhle war, ist heute das Haus. Und was heute die Altersvorsorge ist, war bis in die neuste Zeit hinein, die Absicherung in der Gemeinschaft.

Diese Liste kann endlos weitergeführt werden – Realität ist: Mit dem Nutzen Sicherheit lässt sich vieles machen – vor allem die eigene Marke stärken.

Deshalb mein Tipp Nr. 67: Frage Dich bei der Entwicklung Deiner Leistungen immer, wie sich der Aspekt der Sicherheit einsetzen lässt. Die Fragen lauten: Wie werden Kunden durch unsere Leistungen sicherer, stabiler, oder was können wir tun, damit unsere Kunden ruhiger und vor allem sorgloser schlafen können?

Auch Sicherheitsaspekte, welche Kunden nicht im Stich lassen, sind wichtig.

Demzufolge mein Tipp Nr. 68: Gegebene Versprechen gilt es einzuhalten. Kunden flüchten, wenn sie durch Handlungen verunsichert werden. Und dazu gehören auch vage Aussagen, wie halbherzige Taten.

Merke: Kunden wollen Sicherheit. Und diese ist als Hauptnutzen unersetzbar.

Das Geheimnis starker Marken.

Was steht wirklich hinter starken Marken? Durch was werden sie tatsächlich geprägt? Was ist deren Geheimnis?

Das Geheimnis ist, dass Menschen grundlegend keine Marken wollen. Aber was wollen sie dann? Sie wollen Gattungen. Bei Kaufentscheidungen wollen Menschen keine Marken, sondern Gattungen, welche ihre bevorzugten Wünsche repräsentieren.

Beispiel: Menschen, welche sich für ein Automobil mit dem Renommée „Gehobener Fahrstil" entscheiden möchten, kaufen sich möglicherweise einen Mercedes. Menschen kaufen das Gattungsfeld „Gehobenes Fahren" und definieren sich erst im Nachhinein über die Marke. Denn es ist viel einfacher und befriedigender zu sagen „Ich fahre einen Mercedes" als „Ich fahre ein ‚gehobenes' Auto".

Und wenn Menschen den Mercedes gegen ein Rennvelo tauschen, dann motiviert sie eventuell das Gattungsfeld „Jung und Fit". Und die entsprechende Marke, welche für dies steht, hilft ihnen, sich jung und fit zu fühlen, oder es zu sein.

Das Geheimnis starker Marken ist also, dass sie ein Gattungsfeld repräsentieren.

Mein Tipp Nr. 69 dazu: Besetze ein Gattungsfeld mit einem Begriff, den Menschen sich wünschen – als Treuhandbüro z.B. „Integer Optimieren".

Und mein Tipp Nr. 70: Dann wirst Du in Deinem Umfeld zum Inbegriff für "Integer Optimieren" – und die Menschen fangen an, Deine Marke zu lieben.

Wie entstehen Marken?

Marken entstehen aus Gattungen heraus. Gattungen, wie z.B. Autos, Computer, Banken etc. – Gattungen werden somit aus Leistungsideen geboren. Danach werden diese Gattungen in Gattungsfelder aufgeteilt, je nach Art der Strategie.

Bei Autos zum Beispiel steht die Gattung „Gehobenes Fahren" für Mercedes. „Sicheres Fahren" als Gattung steht für Volvo und „Sportliches Fahren" steht für BMW. Für die Gattung „Lifestyle-Getränke" steht zuoberst auf der Treppe CocaCola, und für „Getränke, die Energie geben" steht natürlich RedBull.

Somit sind in der Regel die Marken am Bekanntesten, welche sich als erste ein Gattungsfeld sichern können. Die anderen Marken benötigen nachfolgend eine eigenständige Differenzierung, welche sie von den Führenden in ihrem Feld unterscheidet. Audi zum Beispiel schaffte es ursprünglich durch die 4x4-Technologie, sich im Gattungsfeld „Sportliches Fahren" von BMW abzugrenzen. Auf diese Art können auch andere Marken in einem bereits besetzten Gattungsfeld ebenfalls erfolgreich werden. Dann entwickelte Audi sich weiter und besetzt heute das Gattungsfeld „Dynamisches Fahren".

Hier mein Tipp Nr. 71: Nimm das Obige als Richtschnur für die Entwicklung Deines Unternehmens. Und suche in Deinem Gattungsfeld eine klare Differenzierung zum Wettbewerb und positioniere Dich damit.

Und mein Tipp Nr. 72: Überlege Dir auch, wie Du ein neues Gattungsfeld besetzen kannst. Denn wenn es anderen gelingen kann, wieso nicht auch Dir?

Notizen

Grosse Marken verlieren, kleine Marken gewinnen.

Viele grosse Marken verlieren an Bedeutung. Laut einer Studie könnten 77% der Marken verschwinden, und niemanden würde es interessieren. Grund: Die Marken wurden zu lange ausgequetscht – die Kosten konstant zum „Wohle der Aktionäre" minimiert, oder gute Marken konkurrenzieren sich zu oft mit eigenen Billigmarken.

Die Lebensmittelindustrie ist hierfür ein Paradebeispiel. Teure Marken werden unter neuen Namen für Discounter produziert. Dasselbe, nur billiger. Wieso also das teurere Produkt kaufen?

Was ist also geschehen? Fast alle grossen Unternehmen setzen auf Austauschbares. Ob in der Mode- oder in der Automobilindustrie etc., alles gleicht sich Gleichem. Ob in Zürich, Frankfurt oder Wien – überall dieselben Stores, dieselben gesichtslosen Angebote.

Diese Gleichschaltung hilft den Kleinen. Denn heute wollen Kunden Individualität.

Deshalb mein Tipp Nr. 73: Im Wort „Ingenieur" steckt das Wort „Genie" drin. Denke und handle also ingeniös und forme Dein Unternehmen zu etwas Besonderem. Mit neuem Wissen, neuen Ideen und neuen Innovationen.

Und mein Tipp Nr. 74: Mache einfach das, was die Grossen nicht tun. Fördere das Persönliche. Gib Deinen Kunden einfach etwas mehr Beachtung, Wertschätzung und mehr individuelle Unterstützung – oft reicht dies schon aus.

Fazit: Verabschiede Dich vom Mainstream. Sei ingeniös und kundenzentriert.

Wenn die Marke stirbt.

Marken werden nicht über Nacht geboren. Sie sind das Resultat eines meist über Jahre hinweg richtigen Handelns. Marken müssen, um erfolgreich bestehen zu können, den Weg zwischen Beständigkeit und Kontinuität einerseits und permanenter Entwicklung andererseits finden.

Stetigkeit ruft Treue und Vertrauen hervor, und dem Zeitgeist entsprechende Innovationen ebnen den Weg für zukünftiges Wachstum. Diese zwei Treiber sind somit die beiden Seiten einer Medaille. Und eine Marke stirbt von dem Moment an, wo diese beiden Teile ins Ungleichgewicht geraten.

Beispiel Grossbanken: Einst mit dem Nimbus „Vertrauensträger der Nation" ausgestattet, gelten sie heute als wenig glaubwürdig und schon gar nicht als weitsichtig.

Darum mein Tipp Nr. 75: Jeder Vertrauensbruch führt zur Schwächung einer Marke. Jedes Versprechen, das nicht eingehalten wird, beeinträchtigt das Markenimage negativ. Kläre somit immer die Kundenerwartungen ab und definiere die entsprechenden Regeln, wie damit umgegangen werden soll.

Und mein Tipp Nr. 76: Verpasse es nicht, die Generationen Y und Z mit ins Boot zu nehmen. Denn nur wer weiss, wie neue Generationen denken und handeln, wird die zukünftig geforderten Leistungen erbringen können.

Die Generation Z verstehen.

Die jungen Verbraucher, also geboren um das Millennium, haben einen ausgeprägten Sinn für neue Trends. Was heisst, dass sie schneller als die früheren Generationen wissen, was gerade angesagt ist. Durch die digitalen Hilfen und die vielen Vernetzungsplattformen gelangen sie blitzschnell an das, was sie interessiert.

Entgegen dem Vorurteil – Junge Menschen zeigen heute kein Interesse – spielt sich genau das Gegenteil ab. Die heutigen Jungen mischen mit. Keine andere Zielgruppe nimmt mit dem Smartphon so viel Content auf, bildet sich daraus eine Meinung und streut diese Meinung – verstärkt mit Bildern, Videos und Sprachinhalten – zielgerichtet weiter.

Mein Tipp Nr. 77 dazu: Kommuniziere mit der Generation Z visuell und möglichst attraktiv. Und gib dieser Generation zwingend die Möglichkeit zum Feedback per Video oder per Sprachnachricht – sonst fällst Du weg.

Und hier mein Tipp Nr. 78: Nimm die Generation Z ernst. Während die meisten von uns dazu dressiert wurden, bei Servicefragen in Warteschlaufen auszuharren, so wird dies mit der Generation Z nicht gelingen. Diese Generation denkt anders. Sie kehrt jeder Marke, welche sie zu veräppeln versucht, den Rücken. Per Klick.

Übrigens: Das solltest Du auch tun.

Notizen

Wichtig: Wortführer und Meinungsmacher.

Einer der grossen Irrtümer im Marketing ist die Meinung, es gäbe Massen. Man spricht von Gruppen oder Fangemeinden und nimmt sich diese als Ziel für eine Ansprache vor. Es mag den Mob geben, doch in Wirklichkeit gibt es nur einzelne, lebendige Wesen, welche tief in ihrem Herzen als eigenständige Person angesprochen werden möchten.

Politakteure der grossen Bühnen sprechen zu Massen. Sie halten eine Ansprache ans Volk. Doch sie sind nicht gewählt worden, weil man ihnen zugehört hat – dies zu glauben wäre ein Irrtum. Sie sind im Amt, weil sie durch Wortführer gestützt wurden. Denn die Wähler vertrauen nicht in erster Linie den Politikern, sondern den Meinungsmachern, welche die Politiker auf das Podest hieven.

Mein Tipp Nr. 79 dazu: Lasse andere Menschen über Dich sprechen – Menschen, welche von Deinen Leistungen überzeugt sind. Lasse z.B. Kunden zu Wort kommen, oder auch Influencer, welche eine grosse Glaubwürdigkeit besitzen. Ja, Influencer – dies gilt auch für B2B-Unternehmen.

Und mein Tipp Nr. 80: Schaue dafür, dass Meinungsführer regelmässig Informationen von Dir erhalten. Und komme dahin, dass Dein Wissen weitergereicht wird – ob per Mail, Social-Media, Brief oder per Flaschenpost :-)

Meine Management Letters sind ein sehr gutes Beispiel dafür. Jede Woche werden sie zu hunderten rund um die Welt weitergeleitet.

Der Blick aufs grosse Ganze zählt.

Jedes Versäumnis, die Reputation Deines Unternehmens zu stützen, minimiert die Chancen im Markt. Die Crux dabei: Wenn alles gut läuft, liegt vieles, was verbessert werden soll, nicht offen da. Man wähnt sich auf der sicheren Seite, bis es kracht.

Zwei Beispiele – mit der Rettung vor dem Fall: Ein Klient von uns hatte Schwierigkeiten zu wachsen. Er bat uns um Werbemassnahmen, um dieses Ziel zu realisieren. Nach unserer Empfehlung entschloss er sich jedoch, eine Organisationsentwicklung durchzuführen. Das Resultat: Diese Massnahme verdoppelte sein Marktvolumen. So gelang ihm ein grosser Erfolgsschlag. Mit Werbung hätte er sein Geld in den Sand gesetzt.

Und ein anderer Mandant wollte neue Image-Massnahmen, um einer möglichen Stagnation zuvorzukommen. Nach unserer Analyse war klar, dass dieses Unternehmen zwingend neue Produkteinnovationen ins Leben rufen musste. Und heute ist dieses Unternehmen dabei, seine Vormachtstellung im Markt weiter auszubauen.

Deshalb mein Tipp Nr. 81: Wähle nie die offensichtlichste Lösung. Untersuche immer die Gesamtzusammenhänge, und entscheide dann.

Und mein Tipp Nr. 82: Richte ein Radarsystem in Deinem Unternehmen ein, welches die wichtigsten Wachstumsparameter permanent durchleuchtet.

Fazit: Reputation beginnt mit dem Blick aufs grosse Ganze. Damit es nicht kracht :-)

Ziel: Haben und Gewinnen.

Die westliche Zivilisation ist darauf ausgerichtet, etwas zu wollen, zuzuschlagen, und es sich „Jetzt" – und dies zum besten Preis – unter den Nagel zu reissen. Ziel: Haben und Gewinnen. Es gibt nur etwas, das dieses „Jetzt-Wollen" unterbricht. Und das ist, wenn der Preis so attraktiv ist, dass sich das Warten darauf lohnt. Die Hauptsache, es gibt Rabatt und es ist billig – Alibaba lässt grüssen.

Das mag weder gut noch schlecht sein, beobachtbar ist dieser Umstand auf jeden Fall. Die Kapriolen an der Börse, oder die Tendenz, Aufträge den Billigsten zu vergeben, sind Zeugnisse dieses Spiels. Doch wie kommt ein Unternehmen aus diesem Dilemma heraus?

Hier mein Tipp Nr. 83: Wenn immer möglich, differenziere Dich mit Deinen Leistungen. Sollte dies nicht möglich sein, dann kannst Du mit anderen Vorteilen punkten, welche die Preisfrage relativieren, zum Beispiel mit Annehmlichkeiten oder Sicherheitsvorteilen, welche einmalig sind.

Und mein Tipp Nr. 84: Ganz wichtig: Lege Dir einen unverwechselbaren Auftritt zu. Trete charakterstark auf. Und hebe Dich vor allem mit einem überdurchschnittlich positiven Verhalten Deines Teams ab – denn starke Marken werden durch ein starkes Team gestützt.

Kurz und bündig gesagt: Es gibt viele Ideen, wie Du gewinnen kannst. Das Beste ist, dass Du Unterscheidbarkeiten findest, die Dich von den Mitbewerbern differenzieren.

Notizen

Die Marke ist
kein demokratisches System.

Oft höre ich CEO's sagen: „Branding – für das ist bei uns die Marketingabteilung zuständig." Noch wesentlich schlimmer ist es, wenn sie sagen: „Branding – das macht bei uns die Werbeagentur." Was ist dabei schlimm? Schlimm ist, dass Führungskräfte, welche dies sagen, unter der Rubrik Branding meist nur Design und Kommunikationsaspekte mit einbeziehen.

Doch Branding umschliesst vor allem die drei Hauptbereiche Team-, Leistungs- und Marktentwicklung. Und diese Bereiche müssen zwingend durch die Führungsspitze vertreten werden.

Darum mein Tipp Nr. 85: das Marketing kann für den Aufbau der Marke Mitverantwortung tragen, es darf aber niemals die Eckpfeiler der Marke festlegen. Und Werbeagenturen? Deren Aufgabe ist es, die Verkaufsaktivitäten zu unterstützen. Sie dürfen sich einbringen, aber niemals dürfen sie bestimmen. Und das Team? Das Team darf Vorschläge unterbreiten, doch die Entscheidungen müssen immer aus der Führung kommen.

Bei Lego war die „Alle spielen mit"-Strategie über Jahre hoch im Kurs, bis Lego um die Jahrtausendwende vor der Pleite stand. Denn plötzlich spielte der klassische Legostein kaum noch eine Rolle. Dafür setzte man auf Videospiele, Kindermode und Fahrräder. Eine starke Hand stoppte diesen Unfug und erkor die farbigen Steine und Figuren wieder zum Kerngeschäft. Ergo: Heute ist Lego die Nr. 1 der Welt.

Deswegen mein Tipp Nr. 86: Merke: Marke ist kein demokratisches System. Jede Demokratisierung der Entscheidung über das Branding führt in die Irre. Grund: Einzelakteure sehen die vielen Zusammenhänge zwischen den drei Hauptbereichen des Brandings meist nur bedingt.

Verzicht als Stärke.

Kraftvolle Marken wissen was sie tun dürfen und was nicht – sie erkennen klar, wann sie verzichten müssen. Wirkungsvolle Marken verkörpern einen inneren Kern, der Standhaftigkeit zum Ausdruck bringt, sie stehen für etwas, das sie erkennbar macht.

Was jedoch Unternehmen schneller vom Markt bringt als alles andere, sind die eigenen Fehler, welche Kunden verwirren. Werbeaktivitäten, welche den inneren Kern der Marke nicht transportieren, Produkte-Diversifikationen, welche den eigenen Stärken fremd sind, oder das Verzetteln in zu viele Leistungs-einheiten, gehören zu den grössten Fallen, in welche Unternehmen fallen können.

Deshalb mein Tipp Nr. 87: Setze kompromisslos auf Deine Stärken. Stärke Deine Stärken und bügle nur dort Schwächen aus, wo dies zwingend relevant ist. Profitables Wachstum kann nur über das Fördern von Stärken gelingen.

Und mein Tipp Nr. 88: Fokussiere Deinen Leistungsbereich auf das Wesentliche. Sei für Deine Kunden eindeutig und ver-lässlich. IWC, um ein Beispiel zu nennen, stellt nur Uhren für Männer her – sie wissen was sie tun wollen, und was nicht.

Quintessenz: Starke Marke wissen zu verzichten. Je besser Du den Stil Deiner Marke fokussierst, desto besser entwickelt sich die Markenstärke Deines Unternehmens.

Google einmal „EKS-Strategie".

Sich selber kannibalisieren.

Rivella, unser Schweizer Nationalgetränk, ist auch in Holland stark. Dann wird die Luft dünn. Mit dem Versuch in Deutschland Fuss zu fassen, wurden Millionen versenkt – nun ist Schluss. Das Problem? Rivella ist zu klein, um lokale Geschmacksanpassungen vornehmen zu können. In Hamburg z.B. schmeckt dasselbe Vanilleglace von Nestlé anders als bei uns. Wir mögen dieses Eis mit mehr Zimt-, die Norddeutschen mit mehr Zitrusgeschmack. Wer sich in so hart umkämpften Märken nicht auf solches einstellen kann, muss sich nicht wundern, wenn nichts wird.

Darum mein Tipp Nr. 89: Überlege Dir gut, in welchen Märkten Du Einfluss haben möchtest. Die Devise lautet: Lieber lokal stark, als global schwach.

Dazu kommt, dass sich Rivella mit zu vielen Sorten selber kannibalisiert. Was heisst: Es gelingt zu wenig, neue Zielgruppen anzusprechen. Der Umsatz für neue Getränke wird somit vorwiegend mit bestehenden Käfern erzielt. Das grosse Geld wird mit Rivella Rot und Blau verdient. Rivella Grün dümpelt vor sich hin, Rivella Gelb war ein Desaster, und die neuen Geschmackssorten werden auf- und abgebaut – all das kostet Zeit und viel Geld.

Deshalb mein Tipp Nr. 90: Tappe nicht in die Falle, Dich selber zu kannibalisieren. Produkte-Diversifikationen ohne nennenswerten Zielgruppenzuwachs schwächt jedes Unternehmen.

Was könnte Rivella tun, um eine neue, kaufwillige Zielgruppe zu bedienen? Ganz einfach: Rivella sollte sich das Rivella Rot und Blau vornehmen und neu einen gelben Streifen auf den Etiketten anbringen. Und dort sollte „Laktosefrei" stehen. Rivella ist – wegen seines Milchserums als Grundstoff – für viele Menschen mit einer Laktoseintoleranz nicht bekömmlich. Wieso also nicht auch laktosefreie Getränke ins Leben rufen? Dies wäre zeitgemäss und vor allem von einer neuen Zielgruppe gewünscht.

Notizen

Die unglaubliche Kraft des Ansehen Gebens.

Wir Schweizer stehen nicht im Ruf, wahre Herzöffner zu sein. Die Hotel- und Gastronomiebrache ist der lebende Beweis dafür. Nur wenigen Gastgebern aus diesem Metier gelingt es, uns zu begeistern.

Das Resultat davon: Seit Jahren ist der Tourismus in der Schweiz rückläufig. Auch der Goodwill von uns Schweizern sank in den letzten 20 Jahren von ca. 70% auf ca. 55%. Die einzigen Gäste, welche diese Negativstatistik ausgleichen, sind die Gäste aus China. Aber typisch wir, zu viele sollen dann doch nicht kommen, denn Menschen im „Rudel", ist halt nicht so unser Ding :-)

Die Crux dabei: Gäste geben für Freundlichkeit sehr gerne mehr Geld aus. Wenn also Nachbarländer freundlicher sind als wir, und dann erst noch günstiger – tja, dann wird's hart.

Deswegen mein Tipp Nr. 91: Baue für Deine Kunden eine Bühne. Gib ihnen Anerkennung und Wertschätzung. Sei mit Deinem Team einfach nur etwas freundlicher als die Konkurrenz, und Du wirst auf der ganzen Linie gewinnen.

Daran führt kein Weg vorbei: Menschen wollen beachtet werden, sie wollen im Zentrum stehen. Beispiel: Wenn Du mit Freunden in ein Restaurant gehst – und man spricht Dich vor Deinen Gästen mit Deinem persönlichen Namen an – und man setzt Euch an Deinen Lieblingstisch – wie fühlst Du Dich dann?

Darum mein Tipp Nr. 92: Mache einfach das, was Dich selber glücklich macht, wenn ein anderer etwas für Dich tut. Oder wie ein berühmter Mann einmal sagte: „Was Du nicht willst, das man Dir tu', das füg' auch keinem anderen zu." So einfach ist das.

Missverständnis bezüglich Emotionen.

Seltsamerweise meinen viele im Marketing tätige Akteure, dass emotionale Auftritte gegen aussen laut, bunt oder gar schrill sein sollten. Sie verbinden Emotion mit Aktion.

Das Missverständnis dabei ist, dass übersehen wird, dass Ruhe, Gelassenheit, innere Freude, aber auch Traurigkeit eine emotionale Aussagekraft besitzen. Und diese wirkt meist viel stärker, als dieses permanente „Hör mich-Sieh mich" Getue.

Beispiel: Für einen Kunden realisierten wir Werbespots. Ziel war es, dass sich Zuschauende sofort beim ansehen dieses Spots, binnen 10 bis 20 Sekunden, in die Webseite einlinken sollten. Resultat: Schon nach 2 bis 3 Sekunden stiegen die ersten ein, nach 20 Sekunden waren es hunderte, und nach 2 bis 3 Stunden waren immer noch hunderte von aktiven Besuchern online. Wie wir das geschafft haben? Mit dem Gefühl von Ruhe und Besonnenheit – und natürlich mit der richtigen Nutzenargumentation.

Deshalb mein Tipp Nr. 93: Bevor Du Emotionen auf andere Menschen übertragen willst, überlege Dir gut, OB diese Menschen überhaupt für diese Emotionen empfänglich sind.

Grund: Emotion, lat. emovere, bedeutet herausbewegen – die Wörter Motiv oder Motor leiten sich daraus ab. Unsere eigene Emotion bewegt uns somit nach aussen. Doch auf Emotionen, welche von aussen auf uns einwirken, reagieren wir gemäss unseres inneren Gefühlszustandes – und der ist nicht immer schrill.

Hier mein Tipp Nr. 94: Finde somit auch heraus, WIE Deine Zielgruppen auf diese Emotionen reagieren, und passe Deine Kommunikation dementsprechend diesem WIE an.

Wie ein altes Sprichwort besagt: Der Wurm muss dem Fisch schmecken, nicht dem Angler.

Die grösste Positionierungs-Falle.

Die meisten Unternehmen stecken in der QSK-Falle fest. Die Qualität-. Service-, Kompetenz-Falle. Mehr als neunzig Prozent der Unternehmen stellen diese Attribute als Positionierungs-merkmale in den Vordergrund. Doch was jeder sagt, kann bei Zielpersonen nicht haften bleiben. Diese Schublade ist im Kopf der Angesprochenen bereits besetzt.

Und Hand aufs Herz: Wer will denn schon mit jemandem zu tun haben, der eine schlechte Qualität sowie einen dürftigen Service liefert und obendrein noch durch Unkompetenz besticht?

Was ist also der richtige Weg? Markenverantwortliche müssen eine Schublade im Gedächtnis ihrer Wunschkunden mit einer für sie eigenständigen Wahrnehmung ausfüllen. Und zwar so, dass kein anderer mehr Platz darin findet.

Deswegen mein Tipp Nr. 95: Setze auf Werte. In jedem Unternehmen stecken ungeahnte Schätze. Zum Beispiel in der Verkörperung einer Werthaltung. Und das Signalisieren dieser Werthaltung wirkt weit stärker als die QSK-Attribute.

Beispiel: Ein Kunde von uns setzte auf den Wert „Ehrlichkeit". Er gestand seine Schwäche ein und sagte seinen Kunden, dass sie nicht das „Neuste und Beste" – sondern das „Ausdauerndste" Produkt kaufen werden. Und immerhin: Der Kunde stieg auf zur weltweiten Nr. 1.

Dazu mein Tipp Nr. 96: Finde heraus was Deine Kunden unter einem Wert verstehen, wie z.B. dem Wert „Ehrlichkeit". Nun verbinde diese Vorstellung mit Deinen Leistungen, und dann „spiegle" diese Vorstellung wieder an Deine Kunden zurück. Du wirst staunen, was geschehen wird.

Notizen

„Lovemark"
Die Mechanik der Liebe.

Gerade bei austauschbaren Leistungen versuchen viele, ihre Produkte oder ihre Leistungen über Gefühle an die Kunden zu bringen. Man versucht, ein „sympathisches Image" aufzubauen. Doch die Floprate ist bei rein emotionaler Kommunikation enorm hoch. Das wird klar, wenn man bedenkt, dass Kunden Deine Leistungen vielleicht sympathisch finden, was aber nicht heisst, dass sie diejenigen Deiner Mitbewerber nicht ebenso mögen.

Anders sieht es aus, wenn Kunden ein Produkt oder eine Leistung lieben. Denn der Quantensprung von Sympathie zu Liebe ist riesig. Doch wann beginnen wir etwas nicht nur sympathisch zu finden, sondern zu lieben?

Hier mein Tipp Nr. 97 dazu: Wir beginnen etwas zu lieben, wenn es unsere Sehnsucht weckt. Wenn wir die Sehnsucht nach einem idealen, aber realistischen Lebensziel haben. Wir beginnen etwas zu lieben, wenn es unsere innersten Träume weckt – wie zum Beispiel das Meer, die Ferne, die Sterne.

Und mein Tipp Nr. 98: Im Gegenzug beginnen wir etwas zu lieben, wenn es in uns gespeicherte Gefühle weckt, zu denen wir eine Verbundenheit haben. Zum Beispiel ruft der Anblick eines niedlichen Tieres automatisch „biologische" Gefühle in uns aus. Oder „kulturelle" Gefühle – wie Heimat oder romantische Epochen der Vergangenheit – erwecken die Liebe in uns.

Zur Mechanik der Liebe gibt es noch viel zu sagen. Und wer es schafft, eine „Lovemark" zu sein – wie z.B. der Mini oder der Fiat 500 – erobert die Herzen der Kunden.

Kunden kaufen von Siegern.

Klar ist: Kunden kaufen von Siegern – sie fühlen sich zu Siegern hingezogen. Doch aufgepasst: Es gibt internationale, nationale, regionale wie lokale Sieger. Und alle gehören Sie auf das Sieger-podest.

Was haben nun alle Siegermarken, gleich in welcher Grösse und gleich in welchem Wirkungskreis, gemeinsam? Sind sie besser, klüger oder vielleicht einfach nur cleverer? Mag sein, dass sie das eine oder das andere sind, doch ausschlaggebend sind andere Faktoren. Und diese Faktoren heissen: Persönlichkeit und Charakter.

Deshalb mein Tipp Nr. 99: Du erlangst den Nr. 1-Status im Gedächtnis Deiner Wunschkunden, wenn Dein Unternehmen durch Persönlichkeit und Charakter Aufmerksamkeit erzielt. Und wie erreichst Du dies? Indem Du den wahren Markenkern Deines Unternehmens zum Ausdruck bringst.

Merke: Der Markenkern setzt sich aus den innersten Werten und Eigenschaften Deines Unternehmens zusammen. Diese formen die gesamten Denk-, Verhaltens- und Handlungsmaxi-men Deines Unternehmens.

Aus diesem Grund mein Tipp Nr. 100: Analysiere und ent-scheide, welche Persönlichkeitsmerkmale und welche Charak-tereigenschaften Dein Unternehmen prägen sollen, und stelle diese ins Zentrum Deiner Kommunikationsmassnahmen.

Auf einen Nenner gebracht: Sieger sind nicht Sieger, nur weil sie besser sind, sondern weil sie über ihre inneren Kernattribute mehr Aufmerksamkeit auf sich ziehen können.

Zusatz.

Die Marke ist etwas von Menschen Geschaffenes – aber kein seelenloses Etwas, sondern ein lebendiges Wesen. Starke Marken berühren – sie lösen Gefühle in uns aus. Potenziell unsterblich, zumindest langlebiger als ein Mensch, emanzipieren sie sich von ihren Schöpfern und gehen über diese Gefühle ein Bündnis mit ihren Kunden ein.

Wenn wir die grossen Markengründer betrachten, dann stellen wir fest, dass alle von einer grossen Idee beseelt sind. Und diese Idee bezieht immer die Gesellschaft mit ein – sie erfüllt deren Sehnsüchte und Wünsche.

Steve Jobs (Apple) hatte die Vision, den Menschen eine Technologie zur Vereinfachung des Lebens zu geben. Richard Branson (Virgin) will, dass die Menschen an jedem Ort sein können, wo sie wollen – selbst im All.

Deshalb hier mein 100+1-ter Tipp: Denke GROSS.

Was Du auch immer tust, wenn Du eine Marke vertrittst oder eine aufbaust, gleich in welcher Branche und Grössenordnung: Wenn Du eine starke Marke sein willst, auf die Kunden und Deine Wegbegleiter stolz sind, dann solltest Du diesen Tipp beherzigen. Denke GROSS.

Wie man dies macht? Ganz einfach: Denke nicht kleinlich, schmalbrüstig und mit Vorurteilen. Nimm die grossen Herausforderungen an, und schaue mit einem offenen Blick in Deine Zukunft.

Denke daran: Kraftvolle Marken leben durch eine starke Vision. Und diese kann grösser sein, als Du selbst :-)

Schlusspunkt.

Dieses Buch widme ich allen Führungsverantwortlichen, welche es sich zu Herzen nehmen, mehr zum Thema Marke zu wissen.

Also Dir.

Nimm dieses Buch als Ideengeber. Und nimm diejenigen Tipps, welche zu Dir und Deinem Unternehmen im jetzigen Zeitrahmen passen und überlege Dir, wie Du sie für Dich und Dein Team anwenden kannst. Viel Spass dabei.

Ich wünsche Dir viel Erfolg – und natürlich danke ich Dir für Deine Wertschätzung und Aufmerksamkeit für dieses Buch.

Herzlichst, Dein
Rolf Gruber

Dank.

Folgenden Persönlichkeiten bin ich zu Dank verpflichtet – sie haben mit ihrem Wissen dieses Buch bereichert:

* Andreas Buchholz
* Achim Feige
* Guido Quelle
* Al Ries
* Peter Sawtschenko
* Jack Trout
* Linda Vollberg
* Wolfram Wördemann

Und natürlich danke ich Fanni Nagy, Walter Bucher und Oliver Amberg für ihre grosse Unterstützung.